思想品德健康教育书系

走正直的路做高尚的人

和兴文化◎编著

陕西出版传媒集团
太白文艺出版社

图书在版编目（CIP）数据

走正直的路做高尚的人/和兴文化编著．—西安：太白文艺出版社，2013.6

（思想品德健康教育书系/刘东主编）

ISBN 978-7-5513-0503-7

Ⅰ．①走… Ⅱ．①和… Ⅲ．①品德教育—中国—青年读物②品德教育—中国—少年读物 Ⅳ．①D432.62

中国版本图书馆CIP数据核字（2013）第109042号

思想品德健康教育书系

走正直的路做高尚的人

主　　编　刘　东

编　　著　和兴文化

责任编辑　王大伟　李　丹

封面设计　梁　宇

版式设计　刘兴福

出版发行　陕西出版传媒集团

太白文艺出版社

（西安北大街147号　710003）

E-mail：tbyx802@163.com

tbwyzbb@163.com

经　　销　陕西新华发行集团有限责任公司

印　　刷　三河市恒升印装有限公司

开　　本　700毫米×960毫米　1/16

字　　数　150千字

印　　张　12

版　　次　2013年6月第1版第1次印刷

书　　号　ISBN 978-7-5513-0503-7

定　　价　25.80元

邮政编码　065200

前　言

品德和才学，到底哪个更重要？这个历来聚讼不已的话题，能否对其有一个正确的认识和回答，不仅是选拔任用人才的着眼点，同时也是我们培养教育青少年的方针大纲。孰为重？孰为轻？如何在我们的教育中贯彻我们认为的重点，同时又能坚持“两点论”和“重点论”的完美谐和的统一，培养出国家和社会需要的优秀的青少年，这是最考验教育工作者的智慧和能力的地方。

宋代著名历史学家、政治家司马光曾经在他的巨著《资治通鉴》中讨论过这个问题。对于二者的关系，他认为：“才者，德之资也；德者，才之帅也。”也就是说，才学是品德的资本，而品德则是才学的统帅。也就是说，有了品德这个居于领导地位的统帅，才学的资本才能正常而且完全地发挥它的价值，给个人、社会和国家带来正面积极的影响。司马光又接着说：“君子挟才以为善，小人挟才以为恶。挟才以为善者，善无不至矣；挟才以为恶者，恶亦无不至矣。”也就是说，才学是一把双刃剑，既可以行善，也未尝不可以作恶。至于到底是行善还是作恶，则完全要看掌握才学的人是品德高尚的君子，还是品德卑下的小人。君子的才学可以用来造福社会和国家，使善行遍布四海；小人的才学也会给社会和国家带来灾难，使邪恶播撒人间。由此可见品德的极端重要性。而品德与才学孰重孰轻的问题，也就不言自明了。

我国古代历来重视品德的教养，教育的思路也从来就是把品德放在比才学更重要的地位，《论语》中就有一句话说：“贤贤易色，事父母能竭其力，事君，能致其身，与朋友交，言而有信。虽曰未学，吾必谓之学矣。”可见古人认为，只要有了尊重贤良、孝敬父母、忠于祖国、待人诚信等等高尚的品德，那么即使没有才学，也仍然是一个堂堂正正的人。当然，我们不是强调品德的重要性，而又走到另一个极端——否认才学的重要性。就像毛泽东同志所说，我们要坚持“两点论”和“重点论”的统一。即在保证品德教育的前提下，掌握的才学越多越充实越好。这样才能为我们的社会和国家做出更多的有益的贡献。

无可回避的是，一直以来，我们的教育都有着重学习轻品德、重知识轻能力、重成绩轻素质的弊端和问题。这或许使得我们的青少年在成长过程中走了弯路，或者会给他们的成长、成材和以后人生的发展带来负面的影响。长此以往，甚至也有可能给我们的社会和国家带来消极的影响。基于这个重大的问题，我们深感责任重大，于是编写了这套丛书，涵盖了我们能设想到的方方面面，希望能在青少年思想品德教育方面，弥补现行学校教育可能存在的缺失，贡献我们一份绵薄之力。

当然，丛书编的究竟如何，最终还是要看它能不能得到广大青少年的喜爱和认可。限于水平，书中不能没有错误，尚请方家指正。同时也欢迎各位读者和广大青少年提出宝贵的意见和建议。

目 录

第一章　以热爱祖国为荣　以危害祖国为耻

两弹元勋钱学森 …… 002
舍身为国的黄继光 …… 006
舍身炸碉堡的董存瑞 …… 007
以国为荣的吉鸿昌 …… 010
巾帼英雄秋瑾 …… 011
壮烈殉国的邓世昌 …… 013
收复台湾的郑成功 …… 015
抗倭保国的戚继光 …… 017
民族英雄和爱国诗人文天祥 …… 021
爱国守节的苏武 …… 023

第二章　以服务人民为荣　以背离人民为耻

人民的好总理周恩来 …… 028
平凡岗位上不平凡的李素丽 …… 030
人民公仆孔繁森 …… 033
全心全意为人民服务的雷锋 …… 035
为人民服务的张思德 …… 040
百姓爱戴的晏婴 …… 047

第三章　以崇尚科学为荣　以愚昧无知为耻

“可持续发展”的先决先行者竺可桢 …… 057
东亚醒狮叶渚沛 …… 061
地质学家李四光 …… 064

活字印刷术的发明者毕昇 …… 066
著《千金要方》的孙思邈 …… 069
数学家祖冲之 …… 071
医生张仲景 …… 074
天文学家张衡 …… 078

第四章　以辛勤劳动为荣　以好逸恶劳为耻

大漠愚公唐八十 …… 083
“调整大王”王涛 …… 085
植树造林的潘从正 …… 089
中国铁路之父詹天佑 …… 093
历经艰辛撰《水经注》的郦道元 …… 098
纺织革新家黄道婆 …… 099
凿壁借光的匡衡 …… 101
三过家门而不入的大禹 …… 104

第五章　以团结互助为荣　以损人利己为耻

全民救灾众志成城 …… 107
军民同心抗洪抢险 …… 113
团结一心誓与卢沟桥共存亡的二十九军 …… 118
孔融让梨的情谊 …… 120
将相和，家永固 …… 121

第六章　以诚实守信为荣　以见利忘义为耻

不为百万奖金心动的王燕丹 …… 127
灵魂单纯不染尘埃的徐丽珍 …… 128
人穷志不穷的王荣华 …… 130
老老实实做人，结结实实盖房子的范玉恕 …… 131
言出必行的商鞅 …… 135
以身作则的曾参 …… 136

背信弃义终遭唾的赵高 …… 138

第七章　以遵纪守法为荣　以违法乱纪为耻

勇斗歹徒的女孩田淑娟 …… 147
立警为公，执法为民的任长霞 …… 148
烈火中永生的邱少云 …… 151
不畏权势的董宣 …… 154
治军严明的孙武 …… 155

第八章　以艰苦奋斗为荣　以骄奢淫逸为耻

铁人王进喜 …… 161
好书记焦裕禄 …… 165
自力更生的典范三五九旅 …… 174
水利家李冰 …… 176
安贫乐道的管宁 …… 179
暴虐贪婪致亡国的夏桀 …… 181

第一章　以热爱祖国为荣　以危害祖国为耻

抗战时期，晋察冀军区一分区一团七连六班战士马宝玉、葛振林、宋学义、胡德林、胡福才五位英雄，为掩护群众和主力撤退，毅然决然地把敌人引上了狼牙山棋盘陀峰顶绝路，在子弹打光了的情况下，纵身跳下了万丈悬崖，用生命和鲜血谱写出一首气吞山河的壮丽诗篇。

古语云“皮之不存，毛将焉附”，意思是如果皮都没有了，毛往哪里依附呢？事物失去了借以生存的基础，就不能存在。一个人也是如此，没有了国，哪儿还有家，哪儿还有自己呢？从古至今，无数的爱国人士，为我们诉说着一个个的爱国故事……

两弹元勋钱学森

钱学森是我国著名物理学家，1911 年 12 月 11 日出生于上海，早年曾在北京师大附中和上海交通大学读书。1934 年暑假，他从交大毕业，考取了清华大学公费留学。

1935 年 8 月，钱学森从上海乘船离开祖国，到美国求学。钱学森到美国后，进入麻省理工学院航空系学习，学工程要到工厂去实践，可当时美国航空工厂歧视中国人，所以一年后他开始转向航空工程理论，即应用力学的学习。1936 年 10 月他转学到加州理工学院。钱学森之所以选择加州理工学院，是因为当时的加州理工学院航空系，有一位大名鼎鼎的空气动力学教授，他就是后来被誉为“超音速飞行之父”冯·卡门。钱学森就是奔他而来的，而冯·卡门也非常欣赏钱学森，就这样钱学森成为卡门领导的古根汉姆航空实验室的一名研究生。

进入加州理工学院航空系后，钱学森每天都要花十几个小时的时间用在学习和研究工作上。三年后，他以优异成绩获博士学位并留校任教，成为冯·卡门的得力助手。这期间，他不仅掌握了空气动力学的核心知识，而且已经站到了这门科学的最前沿。1939 年，他研究航空结构，只用了一年时间，就取得了突破性的成就。

鉴于钱学森研究工作的出色成绩和美国战时军事科学研究的需要，他得以参加机密性工作。1944 年，美国军方委托冯·卡门教授为首，马林纳为副，研究远程火箭。钱学森负责理论组，把林家翘、钱伟长也请了来，进行弹道分析、燃烧室热传导、燃烧理论研究等工作。与此同时，钱学森还担任了航空喷气公司的技术顾问。1945 年初，他还被美国空军聘为科学咨询团团员。这一时期，他取得了在近代力学和喷气推进的科学研究方面的宝贵经验，成为当时有名望的优秀科学家。

第二次世界大战结束时，美国空军高度赞扬钱学森为战争的胜利作出了“巨大的贡献”。美国专栏作家密尔顿·维奥斯特认为，钱学森已是“制定使美国空军从螺旋桨式向喷气式飞机过渡，并最后向遨游太空无人航天器过渡的长远规划的关键人物”，“是帮助美国成为世界第一流军事强国的科学家银河中一颗明亮的星”。

1946 年暑假，钱学森离开加州理工学院，再到麻省理工学院任副教授，专教空气动力学专业的研究生。1947 年初，36 岁的钱学森成为麻省理工学院的终身教授。

从 1935 年到 1955 年，钱学森在美国整整居住了 20 年。这期间，他在学术上取得了辉煌的成就，生活上享有丰厚的待遇，工作上拥有便利的条件。然而，他始终眷恋着生他养他的祖国。他在写给父亲的信中，不止一次地发出“旅客生涯做到何时”的感叹。

1949 年的中秋节之夜，在加州理工学院的校门对面一个街心的花园里，钱学森夫妇和庄丰干、罗佩霖等十几位中国留学生共同欢度祖国的传统佳节。这个中秋节是新中国成立后的第六天，他们希望自己能早日回到祖国。按照美国的有关规定，他要在一个学年结束后，才可以辞退工作。因此钱学森焦急地期待着 1950 年夏季的到来。

1950 年初，由于中美在朝鲜战场上处于交战的敌对状态，许多人开始遭到了追查和迫害。当联邦调查局搜查校园时，钱学森也遭到了无理询问。1950 年 7 月，美国政府决定取消他参加机密研究的资格，并指控他是美共党员，非法入境。在这种情况下，钱学森决定不能再等到暑假了，他要立即回国。本来他想以探亲的名义回国，一去不返，可是事情进行得并不顺利。

钱学森盘算好了以后，就到了五角大楼丹尼尔·金布尔（美国海军次长）所在的办公室，并且声明自己已经打算回国了。金布尔听了他的话后，非常震惊。钱学森刚一离开，他立即拨通移民局的电话，恶狠狠地说：“钱学森无论在哪里都抵得上五个师！我宁肯枪毙他，也不让他离开美国！”

1950 年 8 月 23 日午夜，钱学森一家乘飞机从华盛顿回到洛杉矶。刚一走下飞机，钱学森便被当地移民局的人扣了下来。本来，钱学森是准备在这里搭乘加拿大太平洋公司的飞机离开美国的。他的行李也已经装上驳船，准备启运回国。钱学森在这种无端的迫害下，只得又回到加州理工学院。

联邦调查局还派人监视他的全家并跟踪他的所有行动。

与此同时，美国海关非法扣留了钱学森的全部行李。当检查人员发现板条箱里满满地装着书籍和笔记本时，便硬说其中藏有机密，并说钱学森是个间谍。可是经过他们长期和反复的检查后，检查人员不得不在向官方的报告中承认，被检查的所有书籍、笔记里，除了教书、复印的科学杂志上的文章外，其余都是钱学森自己的学术研究记录。

尽管如此，1950 年 9 月 9 日，联邦调查局仍以“企图运输秘密的科学文件回国”的罪名，非法逮捕了钱学森，当局政府宣告他是“不受欢迎的异己分子”。钱学森被关押在特米那岛上的一个拘留所里。看守人员不许他和任何人讲话，每天晚上隔 10 分钟就跑到室内开灯检查一次，让他无法休息。这种非人的待遇，使钱学森的身心均受到了极大的迫害。

后来，钱学森是在加利福尼亚州理工学院的许多师生和当时远在欧洲的冯·卡门等教授的帮助之下，才被放出了拘留所。

这时，钱学森虽然离开了拘留所，然而他的行动依旧受到限制和监视。美国移民局明确规定他的活动范围不允许超出洛杉矶。联邦调查局的特务一直监视他，并时常闯入他的研究室和住宅捣乱，他的信件和电话也受到了检查。就这样，钱学森被迫又在美国待了 5 年。在这期间钱学森从未放松过对学术的研究，1954 年，他出版了《工程控制论》一书。

1955 年 6 月的一天，钱学森夫妇摆脱特务监视，在一封寄给比利时亲戚的家书中，夹带了写在小香烟纸上的给陈叔通先生的信，请求祖国帮助他早日回国。陈叔通先生收到信后，当天就把信转交给了周恩来总理。周总理对此非常重视，迅速让人将信送给中国驻波兰大使王炳南，授意他在中美大使级会谈中据理力争，设法营救钱学森回国。8 月 5 日，钱学森接到美国政府“可以回国”的通知，但在乘坐美国邮船的归途中，他仍被当做犯人。

1955 年 9 月 17 日，钱学森一家终于回到了祖国。

回到祖国后，钱学森向周总理提出了发展中国导弹技术的规划设想。1956 年 4 月，周恩来总理亲自主持了一次不寻常的中央军委会议。会议的主题就是由钱学森介绍在我国发展导弹技术的规划设想。

1956 年 10 月 8 日，我国第一个导弹研究机构宣告成立，钱学森任研究院院长。从此，在周总理、聂荣臻元帅的直接领导下，钱学森开始了作为新中国火箭、导弹和航天事业技术领导人的生涯。

1960 年 11 月 5 日，我国第一枚国产近程导弹发射成功。

1962 年 3 月，我国自行设计的一种中近程导弹起飞不久就掉在发射阵地前 300 米处，把地面炸了一个大坑。钱学森深入到控制系统第一线，与同志们一起寻找失败原因，改进方案。

1964 年 6 月 29 日，在以钱学森为领队的一群科学家的努力下，我国第一颗自行设计的中近程导弹进行飞行试验终于获得了成功。

1966 年 10 月 27 日，遵照周恩来总理“严肃认真、周到细致、稳妥可靠、万无一失”的指示，钱学森协助聂荣臻元帅，直接领导了用中近程导弹运载原子弹的“两弹结合”飞行试验，导弹飞行正常，原子弹在预定的距离和高度实现核爆炸。就这样，我国从第一颗原子弹爆炸到第一枚导弹核武器研制成功，仅用了两年多的时间。

1965 年 1 月 8 日，钱学森正式向国家提出报告，建议早日制订我国人造卫星的研究计划并列入国家任务。

1965 年 4 月 29 日，国防科委在邀请钱学森等专家充分研究论证的基础上，向中央专门委员会提出了在 1970 年或 1971 年发射我国第一颗人造地球卫星的规划设想。中央专门委员会原则批准了这规划方案。在实施人造卫星研制计划中，钱学森在许多关键技术问题的解决上贡献了智慧。在“文化大革命”期间，“长征一号”试车无法进行，钱学森为领导人造卫星研制计划的正常进行，发挥了特殊的作用，“长征一号”在 1969 年 8 月 22 日试车成功。

1970 年，在周恩来总理的直接关怀下，钱学森等一批专家在卫星发射基地组织实施了第一颗人造卫星的发射工作。1970 年 4 月 24 日，重量为 173 千克的我国第一颗人造卫星发射成功，《东方红》乐曲响彻全球。

1979 年，钱学森的母校加州理工学院授予他“杰出校友”的称号。1986 年 6 月南加州华人科学家工程师协会给他授奖。1991 年 10 月 16 日，在北京雄伟庄严的人民大会堂，当时任中共中央总书记的江泽民亲手将“一级英雄模范奖章”和“国家杰出贡献奖”的红色烫金证书交给钱学森时，全场响起热烈的掌声。

舍身为国的黄继光

黄继光，中国人民志愿军特级战斗英雄。

黄继光，1930 年出生于四川省中江县的一个山村，他自幼家境极为贫寒，六七岁时父亲因受地主欺压，病恨交加而死。黄继光从小就给地主扛长工、割草放牛。1949 年冬，村里组织起农会，黄继光不但成为农会第一批会员，还当上了村里的民兵。

1950 年抗美援朝战争开始后，国内停止复员并大量征兵。1951 年 3 月，中江县征集志愿军新兵时，黄继光在村里第一个报了名。体检时，他因身材较矮而于开始时未被选中。但前来征兵的营长却被黄继光参军的热情所感动，破格将他录取。

到朝鲜前线后，黄继光被分配到第十五军第一三五团二营六连任通讯员。1952 年 4 月，部队到五圣山前沿阵地接防，本想杀敌立功的黄继光被分配到了连队后勤。当时黄继光思想上有些不愿意接受这样的安排，后来经过副指导员细致的思想工作，黄继光明白了后勤工作的重要性，开始认真对待自己的工作。

1952 年 10 月 14 日，上甘岭战役开始了。此次战役空前惨烈，在仅有 4 平方公里的阵地上，以美军为首的“联合国军”和南朝鲜军先后投入 6 万人的兵力，倾泻了 190 万发炮弹和 5000 枚航弹，最多的一天达 30 万发。志愿军也陆续投入兵力 4 万余人，发射炮弹 40 万发。阵地上草木荡然无存，岩石构成的山头被打成半米多深的粉末堆。

当黄继光所在营与“联合国军”激战 4 昼夜后，于 19 日夜奉命夺取上甘岭西侧 597．9 高地。部队接连攻占 3 个阵地后，受阻于零号阵地，连续组织 3 次爆破均未奏效。时近拂晓，如不能迅速消灭敌中心火力点，夺取零号阵地，将贻误整个战机。

关键时刻，时任某部 6 连通信员的黄继光挺身而出，请求担负爆破任务。他在决心书上写道："坚决完成上级交给的一切任务，争取立功当英雄，争取入党。"见他如此坚决，上级当即任命他为第6班班长，让他带领2名战士前去完成任务。黄继光带领2名战士勇敢机智地连续摧毁敌人几个火力点，一名战士不幸牺牲，另一名战士身负重伤，他的左臂也被打穿了。

当时，敌人的火力非常猛烈，可是黄继光毫不畏惧，他强忍着伤痛，迅速抵近敌中心火力点，连投几枚手雷，敌机枪顿时停止了射击。当部队趁势发起冲击时，残存在地堡内的机枪又突然疯狂扫射，使得攻击部队再次受阻。这时黄继光身上已经多处负伤，更要命的是，他的弹药也已经用尽了。然而就在这样的情况下，为了战斗的胜利，他顽强地向火力点爬去，在靠近地堡射孔时，奋力扑上去，用自己的胸膛死死地堵住了敌人正在喷射火舌的枪眼，壮烈捐躯！在他的帮助下，他的战友们迅速攻占了零号阵地，歼灭敌人的两个营。

当战士们冲上"零号"阵地时发现，黄继光敦实的身躯仍然压在敌人的射击孔上，他的手还牢牢地抓着周围的麻袋，宽阔的胸膛还紧紧地堵着敌人的枪口……人们看到，黄继光的腿已被打断，身上有七处重伤，他的身后有一道长长的血印……

战后，黄继光所在的部队党委追认他为中国共产党党员，追授给他"模范团员"称号。中国人民志愿军领导机关给他追记特等功，并追授给他"特级英雄"称号。朝鲜民主主义人民共和国最高人民会议常任委员会追授他"朝鲜民主主义人民共和国英雄"称号和金星奖章、一级国旗勋章。

舍身炸碉堡的董存瑞

董存瑞，1919年10月15日出生于察哈尔省（今河北省）怀来县南山堡的贫苦农民家庭，7岁时上过几天学堂，后因家贫而辍学。

1937年抗日战争爆发后，日本侵略军占领了沙城（今怀来县城，距南山堡村9公里）。

1940 年冬，八路军在平北地区建立了抗日民主政权——龙（关）、延（庆）、怀（来）联合县政府。南山堡垒划归龙延怀联合县第三区。

1943 年秋，日本侵略军加紧“扫荡”，斗争更加残酷。一天黄昏，中共三区区委书记王平到南山堡布置坚壁清野工作，得到消息的日本兵随即包围了村子，并进行全村收查。在此危急时刻，董存瑞连忙把王平藏在自家院里一堆草席后面。面对日本兵的搜查，他一点也不惊慌，搜了半天也没有搜到的日军只好离开了。董存瑞以他的勇敢和机智救了王平，受到了大家的好评。

1943 年冬，南山堡成立抗日儿童团，年仅 14 岁的董存瑞被选为儿童团团长。他挎上大木刀，拿起红缨枪，带领儿童团加入到了抗日斗争中。他们站岗放哨、送鸡毛信、火柴信，为八路军通风报信，配合减租减息运动。董存瑞还因多次跋山涉水，躲过日伪军的盘查，完成传递紧急情报的任务而受到区、村干部的表扬。第二年，董存瑞参加了村里的民兵基干队。

1945 年，董存瑞参加了八路军。10 月，董存瑞所在部队参加了解放赤城的战斗，在这次战斗中董存瑞和几个战友一起缴获了三挺歪把子机枪。

解放赤城后，部队直插热河西部地区。途中部队与还没有缴械的日伪军一个骑兵团相遇。双方交火后，敌人搞不清情况，仓皇逃跑。董存瑞和战友们猛追猛打，最后缴获了一挺机枪，一把手枪和三匹马。当晚部队宿营，发现前面有敌人，董存瑞所在的班级受命前去打探消息。董存瑞悄悄摸到敌人堆里，出其不意地用手榴弹把正在睡觉的敌人消灭了。

1946 年 4 月初，在一场战斗结束之后，董存瑞所在的部队在一个村庄休息。离他们不远有一个小孩，用手指勾着一颗拧开盖的手榴弹跑过来。一个趔趄摔倒了，手榴弹的线被拉了出来。眼看小孩子就要被手榴弹炸得粉碎，董存瑞扔下饭碗，一个箭步冲上去，抓起即将爆炸的手榴弹甩了出去，回头用身体护住了小孩。

1947 年 3 月，部队驻在沙峪、渤海所一带整训。根据董存瑞参军后的表现，经其指导员、二排长的介绍，支部大会一致通过，董存瑞成为中国共产党党员。

后来，董存瑞在独石口和旧屯战斗中表现得勇敢、顽强，经民主评议，上级批准，荣立大功一次，小功两次。

1948年5月25日，我军攻打隆化城的战斗打响了。董存瑞所在连队担负攻击国民党守军防御重点隆化中学的任务。当日下午三点半，第二次总攻开始。然而敌人在隆化中学东北角的横跨旱河的一座桥上，修了一个伪装得十分巧妙的暗堡，敌人在这座暗堡中不停地用机关枪对我军进行扫射。这时，董存瑞和战友们纷纷向连长请战，要求把这座桥型暗堡炸掉。副连长派出李振德等3名爆破手去爆破，李振德刚冲出不远，炸药包就被敌人枪弹打中，李振德牺牲，其余两名爆破手负了重伤。

董存瑞看到战友的伤亡，再次挺身请战，他对副连长说："我是共产党，请准许我去！"最后，连长和指导员同意了他的请求。

董存瑞挟起炸药包，弯着腰冲了出去。在战友火力掩护下，他一会儿匍匐前进，一会儿又借着战友扔出的手榴弹的烟雾，站起来一阵猛跑。桥型暗堡里，敌人的机枪越打越紧，子弹带着尖利的啸声，从他的耳边掠过。在快要冲进开阔地时，董存瑞指着前面的一个小土堆，对战友说："你就在这儿掩护！"战友一阵手榴弹把敌人碉堡前的鹿砦、铁丝网炸个稀巴烂。董存瑞趁这机会，冲进了开阔地，敌人的机枪更疯狂地朝这边射击，子弹打得他身边尘土直冒烟。

突然，董存瑞扑倒了，他的腿受了伤，鲜血直流。他抱着炸药包迅速猛冲到桥下。这桥离地面有一人多高，两旁是砖石砌的，没沟、没棱，没有安放炸药包的地方。如果把炸药包放在河床上，又炸不着暗堡，河床上也找不到任何东西代替火药支架。这时，身后突然响起了嘹亮的冲锋号声，部队像潮水般地向隆化中学涌来。敌人还在垂死挣扎，暗堡上的砖头一块块被捅开了，十几个暗枪眼一齐喷出火光，子弹像暴雨般射向冲上来的队伍。董存瑞看了看桥底，又看了一眼冲上来却纷纷扑倒下去的战友，焦急万分，心想为了消灭敌人，就是粉身碎骨，也要把敌人的碉堡炸掉！于是他用左手托起炸药包，紧紧贴住桥底，从容镇定地用右手拉开导火索，嘴里高喊："为了新中国，冲啊！"

随着天崩地裂般一声巨响，桥型暗堡被炸得粉碎。大批后续部队踏着英雄的血迹冲进隆化中学，全歼了守敌，红旗插上了隆化城，隆化解放了！董存瑞用鲜血和生命为部队开辟了胜利前进的道路。

董存瑞牺牲后，东北人民解放军第十一纵队党委发出了悼念董存瑞的决定：追认董存瑞为纵队战斗英雄、模范共产党员；命名董存瑞生前所在班为“董存瑞班”。1950 年 9 月，全国战斗英雄、劳动模范代表会议决定，追认董存瑞为全国战斗英雄。

以国为荣的吉鸿昌

吉鸿昌是我国著名的抗日爱国名将，河南省扶沟县人。1913 年吉鸿昌投于冯玉祥的麾下，骁勇善战。1931 年，吉鸿昌因不愿参加内战而被蒋介石解除职务，并被强令出国“考察”，遂环游欧美，发表抗日演说。

在美国考察期间，一天，吉鸿昌到邮局寄包裹。美国邮局的一个工作人员听说他是中国人，就嘲笑说：“中国？我可不知道什么中国！”吉鸿昌听了，十分生气。可陪同他的一个使馆人员对他说：“你何必说自己是中国人呢？你要告诉他你是日本人，他对你的态度就会好了。”

吉鸿昌顿时很愤怒，感觉受到了污辱。他想：我们中国是历史悠久的文明古国、大国，为什么连是中国人都不敢说呢？他对使馆的人说：“你觉得做中国人丢脸吗？不光彩吗？我倒觉得做一个中国人光荣得很！我誓死不当崇洋媚外的洋奴！”

回到住所，吉鸿昌找来了一块木牌，在上面工工整整写了“我是中国人”几个字，然后将木牌挂在胸前，外出时也戴着。就这样，他一直戴着那块“我是中国人”的牌子抬头挺胸地走在美国的大街上。当美国人惊奇地注视他的时候，他心中十分自豪。

吉鸿昌不仅在民族危亡的时刻挺身而出，率军抵抗日本的侵略。他在外国人面前，也表现出了豪迈的气魄。

1932 年吉鸿昌回国，后加入中国共产党，一直参与抗日活动，1934 年参与组织中国人民反法西斯大同盟，被推为主任委员，秘密印刷《民族战旗》报，宣传抗日，联络各方，准备重新组织抗日武装。11 月 9 日，在天津法租界被军统特务暗杀受伤，遭工部局逮捕，引渡到北平军分会。经蒋介石下令，24 日被杀害于北平陆军监狱。刑前题诗一首："恨不抗日死，留作今日羞。国破尚如此，我何惜此头？"

巾帼英雄秋瑾

秋瑾是中国近代女革命家、女诗人。原名闺瑾，祖籍浙江绍兴。

秋瑾于 1875 年在福建厦门出生，自幼爱读书，工诗文，好骑马击剑。

1896 年，秋瑾迫于父母之命，嫁给湘潭富绅子弟王廷钧，生有一子一女。1902 年，秋瑾的丈夫在京城中捐得一户部主事的官职，秋瑾便和丈夫一起到了北京。时值八国联军浩劫之后，目睹清廷腐败，国权沦丧，民族危机日益深重，决心献身于救国事业。

1904 年 4 月，秋瑾冲破封建家庭束缚，自筹资金去日本留学，先入骏河台中国留学生会馆所设的日语讲习所补习日文，后入青山实践女学。其间，秋瑾积极参加留日学生的革命活动，与陈撷芬重兴"共爱会"，与刘道一等组织"十人会"，以反抗清廷、恢复中原为宗旨。同年秋，她在东京创办《白话报》，鼓吹推翻清政府，提倡男女平等。不久，她又参加了冯自由等在横滨组织的洪门天地会，被封为"白纸扇"（军师）。年底回国筹措学费之时，秋瑾在绍兴经徐锡麟介绍加入了光复会。

1905 年 7 月，秋瑾复去日本。在东京加入同盟会，并被推为评议部评议员和同盟会浙江省主盟人。1906 年初，为反对日本政府文部省颁布《取缔清国留日学生规则》而愤然归国，在上海与易本羲等创办中国公学。3 月去往浙江湖州南浔溪女学任教。暑假赴上海，与陈伯平等以"锐进社"为名，联络运动会党，作起义准备。同年冬，在上海创办《中国女报》，号召妇女团结起来为争取自身解放而斗争。

1907 年 2 月，秋瑾来到大通学堂任职督办，接着整顿纪律，消除内部混乱现象，严格规章制度。大通学堂原是陶成章、徐锡麟所办，实际是光复会联络会党的据点。她用父亲和绍兴知府贵福的同事关系，在学校设立体育专修科，还从上海买来250支枪、20万发子弹，为武装起义作了准备，此时的大通学堂的学生，几乎全部被吸收为光复会会员，革命党人又从各地派数十人到大通担任教官。秋瑾自己也穿上男装带领学生在野外练习打靶，进行武装训练。

另外，秋瑾还抽空奔波于杭州、上海军学两界之中活动。在驻杭新军、浙江武备学堂、兵弁学堂吸收几十名官兵和师生加入光复会，又两去金华、处州，联络会党，不到半年，发展光复会会员达600人之多，这年4月，秋瑾在杭州的白云庵召集了浙江各会党和军学界首领秘密集会，决定把浙江会党几千人，按“光复汉族、大振国权”八字，编为八个军，总称“光复军”。她还亲自拟定军制、军旗、军服等，推徐锡麟为首领，自任为协领，约定于当年7月19日在浙、皖同时起义。计划先由金华府起兵，处州接应，诱杭州清军出动，绍兴光复军渡钱塘江，在内应配合下袭取杭州；如攻杭州不成，就返军绍兴，再从金华，经江西去安徽和徐锡麟会合，如果浙、皖起义成功，就可合兵攻取南京，计划比较周密。

但不幸的是，绍兴等地会党暴露目标，清政府大捕革命党人。徐锡麟于7月6日在安庆提前起义，他与陈伯平、马宗汉三人，趁巡警学堂毕业典礼时，刺杀了安徽巡抚恩铭，占领了安徽军械库。但因寡不敌众而失败，伯平战死，徐锡麟和马宗汉被捕，当晚徐锡麟在安庆抚院门前慷慨就义。

安庆起义失败后，使秋瑾在浙江起义的计划泄露。秋瑾得知徐锡麟遇害消息，悲痛万分。亲友们劝她暂离绍兴，秋瑾毅然拒绝了，她说：“我怕死就不会出来革命，革命要流血才会成功，如满奴将我绑赴断头台，革命成功至少可以提早五年。”

1907年7月13日，绍兴知府贵福同山阴县知县李钟岳，会稽知县李端年和大队清兵，把大通学堂围得水泄不通，秋瑾指挥学生英勇搏斗，当场打死、打伤敌军数十人。后因寡不敌众，学堂被清军攻占，剩下的十几人全部被捕。秋瑾被捕后，牢记入会时的誓言“矢信矢忠，有始有卒”，对组织机密、同志下落，始终不吐一字，只回答：“革命党的事，不必多问!”绍兴知府贵福亲自提审时，伪装亲近劝她供出同党，洗心革面，重新做人。秋瑾冷笑说：“要我招什么？你是大通校董，与校友合过影，谁是革命党还不最清楚！你曾赠我‘竞争世界，雄冠全球’的联语（句首两字合成竞雄）。要问革命党是谁？你便是！”这话使贵福心生恐惧，忙宣布退堂。秋瑾在严刑逼供下挥笔写下了“秋风秋雨愁煞人”，以抒发满腔义愤、悲痛的心情。

1907 年 7 月 15 日，秋瑾从容就义于绍兴轩亭口，时年 32 岁。她的遗体由大通学堂的洗衣妇王友安裹殓后安葬在卧龙山下。1908 年 1 月，徐自华、吴芝瑛二女友，按烈士生前遗愿，将灵柩改葬于西泠桥畔，并砌石立碑。后来孙中山手题“巾帼英雄”匾额于西湖畔墓地。秋瑾生前所作诗词豪放激昂，深沉悲壮，后人辑为《秋瑾集》。

壮烈殉国的邓世昌

邓世昌，原名永昌，字正卿。清末海军爱国将领，民族英雄。1849 年 10 月 4 日生于广东番禺（今广州市海珠区），祖籍广东东莞怀德乡人。生于富裕人家，其父邓焕庄，专营茶叶生意。少年时的邓世昌就跟随父亲移居上海，并在西方教师的教导下，学习算术、英语。

1867 年 6 月，沈葆桢到福州马尾船政学堂任职。因为制造轮船须培养造船人才，所以开办制造学堂（前学堂）；因法国长于制造，故应用法文教学。因为驾驶轮船须培养驾驶人才，所以开办驾驶管轮学堂（后学堂）；因英国长于驾驶，故应用英文教学。这两个学堂与船厂同时兴办，所招学生，自是福建省本地人。其中有罗丰禄、何心川、蒋超英、刘步蟾、叶伯鋆、方伯谦、林同书、郑文成、林泰曾、李达璋、严复、沈有恒、邱宝仁、陈毓淞、林永升、叶祖珪、陈锦荣、黄煊、许寿山、林承谟、柴卓群、郑溥泉、黄建勋。船政第一次招考学生后，又从广东招来已学过英语，并且基础较好的学生邓世昌、叶富、吕瀚、李和、张成、李田、黎家本、林国祥、梁梓芳、卓关略等十余人，邓世昌成为该学堂驾驶班第一届毕业生。

从福州船政学堂毕业后，1871 年邓世昌被派到“建威”练船，随船巡历南洋各岛。1874 年他被任命为“琛海”兵船大副，以后历任“海东云舰”、“振威舰”、“飞霆舰”等兵船管带。1879 年，李鸿章筹办北洋海军，他被调到北洋海军，任“镇南”炮船的管带。

1880 年李鸿章为建设北洋水师而搜集人才，因邓世昌“熟悉管驾事宜，为水师中不易得之才”而将其调至北洋属下，先后担任“飞霆”“镇南”炮船管带。同年冬天北洋在英国定购的“扬威”“超勇”两艘巡洋舰完工，丁汝昌水师官兵 200 余人赴英国接舰，邓世昌随往。

1881 年 11 月两艘巡洋舰安然抵达大沽口，这是中国海军首次完成北大西洋——地中海苏伊士运河印度洋——西太平洋航线，大大增强了中国的国际影响，邓世昌因驾舰有功被清廷授予“勃勇巴图鲁”称号，并被任命为“扬威”舰管带。

1887 年春，邓世昌率队赴英国接收清政府向英、德订造的“致远”“靖远”“经远”“来远”四艘巡洋舰，于年底回国。归途中，邓世昌沿途安排舰队操演练习。因接舰有功，升副将，获加总兵衔，任“致远”舰管带。

1888 年，邓世昌以总兵记名简放，并加提督衔。是年 10 月，北洋海军正式组建成军，邓世昌升至中军中营副将，1891 年，李鸿章检阅北洋海军，邓世昌因训练有功，获“葛尔萨巴图鲁”称号。

邓世昌十分爱国，他常对士兵们说：“人谁无死？但愿我们死得其所，死得有价值！”1894 年，中国和日本之间爆发了甲午战争。邓世昌多次表示，如果在海上和日舰相遇，遇到危险，他就和它同沉大海！

1894 年 9 月 17 日，日本舰队突然袭击中国舰队。一场海战打响了。中国担任指挥的旗舰被击伤，大旗被击落。邓世昌立即下令在自己的舰上升起旗帜，吸引住敌舰。他指挥的致远号在战斗中英勇顽强，前后火炮一起开火，连连击中日舰。日舰包围过来，致远号受了重伤，开始倾斜，炮弹也打光了。邓世昌感到最后时刻到了，对部下说：“我们就是死，也要撞出中国海军的威风。报国的时刻到了！”他下令开足马力向日舰吉野号冲过去，要和它同归于尽。这大无畏的气概把日本人吓呆了。日舰官兵见状大惊失色，集中炮火向致远号射击，一发炮弹击中了致远舰的鱼雷发射管，管内鱼雷发生爆炸导致致远舰沉没，船上 250 多名官兵大部分都牺牲了。

邓世昌坠落海中后，其随从以救生圈相救，被他拒绝，并说：“我立志杀敌报国，今天我葬于大海，是报效国家，哪有求生的道理？”邓世昌所养的爱犬“太阳”亦游至其旁，口衔其臂想救他。邓世昌却誓与军舰共存亡，毅然按犬首入水，自己也沉没于波涛之中，与全舰官兵250余人一同壮烈殉国。

邓世昌牺牲后举国震动，光绪帝垂泪撰联“此日漫挥天下泪，有公足壮海军威”，并赐予邓世昌“壮节公”谥号，追封“太子少保”，入祀京师昭忠祠，御笔亲撰祭文、碑文各一篇。李鸿章在《奏请优恤大东沟海军阵亡各员折》中为其表功说：“……而邓世昌、刘步蟾等之功亦不可没者也”。清廷还赐给邓母一块用1.5千克黄金制成的“教子有方”大匾，拨给邓家白银10万两以示抚恤。邓家用此款在原籍广东番禺为邓世昌修了衣冠冢，建起邓氏宗祠。威海百姓感其忠烈，于1899年在成山上为邓世昌塑像建祠，以志永久敬仰。1996年12月28日，中国人民解放军海军命名新式远洋综合训练舰为“世昌”舰，以示纪念。

收复台湾的郑成功

1624年，荷兰殖民主义者侵占了中国台湾南部地区，修筑了热兰遮、赤嵌楼两座要塞；后来，他们进一步侵占了整个台湾。

荷兰殖民者在台湾开办学堂，搞文化教育，建立教堂，强迫台湾人民学荷兰语，交人头税，还把一些人卖到爪哇为奴。这激起了台湾人民的强烈反抗，17世纪中期，郭怀一领导台湾人民大起义，大败荷兰军。荷兰殖民者调集大军镇压台湾起义人民，杀死四千多名战士。

清初，在东南沿海坚持抗清的郑成功决心从荷兰人手中收复宝岛台湾。

一天，郑成功忽听有人报：“荷兰人的通事（翻译）何廷斌逃回厦门。”他觉得这是天赐良机。他立即召见了何廷斌。何廷斌介绍了台湾人民渴望收复失地的情绪和荷兰军的部署情况，他还献出一本军事地图册。他说：“公何不取台湾？台湾沃野千里，四通外洋，横绝大海。得其地足以立国，取其财足以养兵，蕃（高山族）受红夷（荷兰人）凌辱，每欲反噬久矣。

以公威临之，如使狼驱羊群也。”郑成功认为他的话有道理，最后下决心收复台湾作为反清基地，伺机反攻。

1661年4月21日，一支浩浩荡荡的舰队，由金门料罗湾出发，直扑台湾岛。

1661年4月29日郑成功率战船进逼台湾鹿耳门港口。鹿耳门港口狭窄，暗礁淤滩，星罗棋布，水又很浅，大船很难通过。因此，荷兰人并未在此设防。郑成功因侦知地理、潮落情报，而赶在大潮时出人意料地通过鹿儿门登陆。郑家兵从天而降，打得荷兰人措手不及。荷兰军慌忙应战。郑成功指挥的将士兵丁英勇善战。荷兰驻台总督揆一也说：“他们不顾死活地冲入敌阵，十分凶猛大胆，仿佛每个人家里另外还存放着一个身体似的。”

郑成功以60艘战船包围荷军4艘战船，集中火力扫射，击沉3艘，1艘仓皇逃走。郑成功率兵乘胜追击，包围了赤嵌城，切断了赤嵌城与台湾城的联系。

荷兰军的贝尔德上尉，为阻击郑成功进攻，被提升为水陆两军统帅。他气势汹汹，不可一世，恨不得一口吞下郑成功的全部军队，建功立勋，加官晋爵。天刚亮的时候，贝尔德上尉带着300名水兵和200名洋枪队离开了热兰遮。他乘上“白鹭号”领港船，一马当先驶在前头，后面跟着的是“玛丽亚号”联络船，再后面跟的是300名水兵，分乘3艘大船，一路耀武扬威地向北驶进。

这时，郑成功已从望远镜中看到了他们。但是，郑成功按兵不动，只待贝尔德上尉的船队进入他弓箭和枪炮的射程之内。贝尔德上尉乘坐的“白鹭号”是条大船，吃水太深，不能靠岸。他亲自带着二百名洋枪队转乘小船首先登陆。他命令，洋枪队在岸上整装列队，端着鸟枪烧着火绳，以三列横队前进。

贝尔德上尉连马都不骑，挥着战刀跑在队伍的前头命令士兵：“瞄准！开枪！”于是第一列打出了一排子弹，赶紧退到后面装枪，第二列上来，又打出一排子弹，又退到后面装枪，换上第三列。这样循环开枪。把郑成功的阵地炸得卷起一层烟雾。郑成功指挥弓箭手和盾牌兵，采用了三面包抄的队形，突然蜂拥而上，一排排行军炮在敌人阵地上炸开，震得贝尔德两耳欲聋。他的士兵被打得连滚带爬地往后逃跑。紧接着，郑成功的弓箭手和鸟枪队三面包围了贝尔德的军队。

贝尔德上尉见势不好，下令撤退，抢先跳入海中，高山族青年启奴里见状纵身跃入水中，与贝尔德展开了一场水中大战。贝尔德的水性和体力均不如启奴里好，最后贝尔德被启奴里用腰刀砍死于水中。赤嵌楼里的敌兵又几次出击，却每战必败，只好投降。

荷兰殖民主义者被吓破了胆，龟缩在台湾、赤嵌两座城池里，不敢出来作战，以待援兵。郑军在城外挖壕、设障、安置大炮，准备长期围困下去，直到荷军投降。由于城内无粮、无水、无援，四月初，赤嵌守将描难实叮宣布投降。荷兰总督揆一写信表示愿送白银十万两，请求郑成功罢兵。郑成功严词拒绝这一无理要求，斩钉截铁地指出："台湾一向是中国的土地，必须归还！"

几个月后，一支由几艘兵船组成的荷兰舰队前来支援。热兰遮的荷兰军就出来反击。郑家军大败荷兰军，荷兰军一艘船被击沉，一艘船被烧毁，两艘被俘，其余狼狈而逃。热兰遮之荷兰军退缩城内，再不敢出战。第二年2月，揆一觉得难以据守下去，无奈向郑成功递交了投降书。至此，荷兰殖民主义者侵占我国台湾长达38年的历史，宣告结束。

郑成功为恢复台湾、建设台湾呕心沥血，积劳成疾，在年仅39岁时病逝于台湾。为纪念这位民族英雄，台湾各族人民在全省建郑成功庙五六十座，其中以延平郡王祠（开山王庙）最为著名。

1683年，清军进入台湾，郑成功后代归顺清朝。次年，清政府设置"台湾府"，隶属福建省。

抗倭保国的戚继光

戚继光，1528年生，字元敬，山东东牟（山东莱芜）人，出身将门，自幼刻苦读书，爱好研学兵书战策。1545年，其父戚景通去世，他袭官登州卫指挥佥事。倭寇对山东沿海地区的不断侵扰，深深刺激着这位青年将军。他在16岁时，便写下了“封侯非我意，但愿海波平”的诗句，表达自己抗倭保国的远大抱负。

倭寇是由日本封建武士、失意政客、浪人、海盗勾结中国沿海凶徒、逸囚、罢吏、黠僧、不得志书生等组成的非法武装集团。其患由来已久，早在元末明初，日本封建诸侯趁国内分裂混战之机，纷起网罗那些没落武士、浪人等来中国沿海进行武装掠夺。但在洪武、永乐时期，明朝国力强盛，重视海防，几次重挫来犯之倭，取得了望江靖大捷，故而倭寇之乱在明前期未酿成大患。

当时，胡宗宪为浙江巡抚，此间，虽也诱杀了不少通倭头目，但督察军务赵文华恣行无忌，文武将吏争相贿赂，颠倒功罪，纪律大坏，将吏解体，虽征兵半天下，但倭寇愈炽，对浙、闽沿海侵扰更甚，给东南沿海人民的生命财产带来了不可估量的损害。就在国家和民族屡遭倭祸，抗倭斗争久经波折，倭患难以彻底解除的危难关头，终于出现了一位著名的抗倭爱国将领——戚继光。

1551年8月，戚继光入京参加武举会试，正值庚戌之变，蒙古俺答入寇京师，形势十分危急，明廷诏令各镇边兵驰援北京，入试武举也被选守城。戚继光当即率众参加了京师保卫战，并条陈御敌方略，受到兵部重视，于是以“国士”奏闻皇帝。此后数年间，戚继光率领军民驻守蓟门，驰骋于山东半岛沿海和蓟州边塞之间，保卫着明王朝的长城要塞和山东海防。

1554年，戚继光以军功升任都指挥佥事，统管三营25卫15万兵士，专门负责防御山东沿海的倭寇。他整饬海防，出海备倭，严阵以待，倭不敢犯。但是其他沿海防务十分松懈，加之严嵩父子当国，兵将多以贿得，卫所兵士逃亡大半，只剩五分之一，且多老弱残疾，战斗力极差。由于江南倭患日趋严重，明廷于1556年秋，调戚继光前往浙江，次年升他为参将，率部守宁波、绍兴、台州三郡，不久又改守台州、金华、严州三郡，防御倭寇侵扰的要害地带。

1558年，浙直总督胡宗宪招降巨奸汪直，汪余党卫等率众据岑港（浙江定海西北）死守。胡宗宪命戚继光随俞大猷领兵进剿，久围不克，戚继光等均被褫职并令戴罪立功。岑港之役失利，戚继光深感卫所军兵多不堪用，各地调来的客兵缺乏训练，纪律败坏，甚至杀良冒功。于是他上书胡宗宪，主张在俗称“剽悍”的义乌招募农民和矿夫，组织、训练一支新军劲旅，来保卫乡土，打击凶残的倭寇。他之所以选定义乌作招募地点，是因为1559年处州山区的矿夫和义乌陈、宋大族发生了规模巨大的械斗。戚继光对其自相残杀的行为极为痛心，但也发现了他们剽悍勇猛的民风，认识到如将之编成新军，导之抗倭，将发挥很大的作用。他的要求被批准。

1560年9月，戚继光亲自来到义乌招募矿夫和农民。在他热爱祖国、保卫家乡的号召下，矿夫、乡团在各自的首领王如龙、陈大成率领下踊跃投军，很快组建起一支3000人的队伍。经过两个月的严格训练和教育，士兵们的思想和战术有了极大的提高。戚继光又根据江南水乡的地形特点，创立了各个兵种互相配合、长短兵器组合使用的新阵法——鸳鸯阵。这种阵法将盾牌、狼筅、长枪、叉、耙、棍、刀等长短武器配合使用，各尽所能，密切配合。打起仗来，挽牌手在前面“低头执牌前进”，其余兵杖“紧随牌进”，“筅以救牌”，“长枪救筅”，“短兵救长枪”。倘情况有变，鸳鸯阵还可变为“三才阵”“两仪阵”，调整队形排列，灵活应敌。这支军队战斗力很强，很快便成为抗倭劲旅，被誉为使倭寇胆战心惊的“戚家军”。

1562年4月，倭寇数千人大举焚掠台州的桃渚、圻头。戚继光闻讯率部急趋宁海，扼住桃渚之敌，在龙山大败倭寇，追击至雁门岭。倭寇狼狈逃走，途中侦知戚家军大多开往前方，台州空虚，遂偷袭台州。戚继光回军参战，手斩其魁，将敌残余追至瓜陵江全部歼灭。进犯桃渚的倭寇刚被消灭，圻头之倭又来进犯台州。戚继光乘敌未至，率领精兵1500人对其迎头痛击。倭寇败退大田，坚壁不出，后又乘大雨逃往仙居。戚继光率军先行抵达仙居，设伏截击。倭寇大败，死伤甚众，少部分逃奔白水洋，藏百姓家中。居民痛恨至极，纵火攻倭，倭寇全被歼灭。戚继光先后九战九捷，俘敌一千有余，焚溺死者无数。此后，总兵官卢镗、参将牛天锡又在宁波、温州一带大败倭寇，浙东的倭寇遂告平定。

台州大捷后，戚继光以军功升都指挥使，肩负起更加重大的海防责任。他又增募义乌民兵2000人，使戚家军精锐部队达到6000余人。1563年，福建成为倭患的中心，自温州而来的倭寇，会合福宁、连江之倭，攻陷寿宁、政和、宁德；自广东南澳转来的倭寇，与福清、长乐之倭相会，攻陷玄钟所，延及龙岩、大田、古田、莆田。倭寇还在横屿岛扎下大营。福建的明军面对日益猖獗的倭寇束手无策，连连向朝廷告急。明廷决定以浙援闽，胡宗宪檄调戚继光入闽剿倭。

同年七月，戚继光率所部精卒6000人由温州航行至平阳，斩荆棘，冒毒雾，陆行300里间道入闽。针对倭寇扎营于横屿、牛田、兴化三地，互为声援的特点，戚继光决定先破倭寇大本营横屿，乘胜攻牛田，最后灭兴化。横屿四面临海，离岸十里，潮来成海，潮退成泥，陆军跋涉进攻，极感困难。若调海船来攻，又时有搁浅之患。戚继光令军士负草填泥，匍匐前进。

倭寇未料到戚家军涉海作战，仓促应战，一败涂地。戚家军连克要隘，捣破寇巢，斩倭首两千六百余级，乘胜南进至福清，人民夹道欢迎。戚继光扬言我兵远来，须养锐待时而动，非朝暮可计。倭寇侦知，遂不防备。哪知戚继光当夜便亲自率军奇袭牛田倭巢，倭寇被焚杀殆尽，剩下的逃窜到兴化。戚家军稍事休整，即连夜追歼兴化的倭寇，夜半时分，连克60营，斩杀倭寇一千余人，焚溺死者数千。第二天黎明，兴化人方知倭寇已被彻底消灭。居民扶老携幼，备彩帐郊迎十余里，道路充塞，杀牛载酒犒迎戚家军入城。福建倭寇基本肃清，戚继光班师回浙。但不久，又有大批新倭来到福建。

1563年11月，倭寇又陷兴化，占据莆田县东90里的平海卫为巢穴。明廷为了解决福建的倭患，调抗倭名将俞大猷为福建总兵官，升戚继光为副总兵，驰赴福建救援。

1564年4月，戚继光率军赶到。福建巡抚谭纶调各路援军攻平海卫，戚继光担任中军，俞大猷任左翼，广东总兵刘显为右翼。在战斗中，戚家军奋勇冲杀，首登敌垒，阵斩倭寇两千两百余人，救还所掳男女三千余人。戚继光因功升都督同知，世荫千户，并代俞大猷为总兵官。平海卫既克，兴化随即收复。盘踞闽北府和寿宁诸县的倭寇，本想南下与平海卫之倭会合，至此只好逃窜。戚继光率军北上追击，在连江的马鼻、宁德的肖石岭围歼倭寇，斩杀一千六百余人，寇焚溺死者万余。明廷非常高兴。

这年冬，倭寇余党又纠合新倭一万多人围攻仙游。第二年春，戚继光率军相继败倭于仙游城下、同安王仓坪、漳浦蔡丕岭等地，斩获甚多，余倭掠渔船出海逃去。至此，福建倭寇亦被戚家军全部肃清。

民族英雄和爱国诗人文天祥

文天祥，南宋杰出的民族英雄和爱国诗人。

当年宋朝联合金朝灭掉了辽朝，企图夺回被辽朝占据的燕云十六州，然而，金朝又把矛头指向宋朝，屡屡派兵南侵，北宋皇帝才知上了当。

可是，南宋当权者并未认真吸取教训。1233 年，当蒙古提出与宋朝联手夹击金朝时，南宋积极配合。1234 年 1 月，金朝灭亡后，蒙古兵又把矛头对准南宋，攻到洛阳城下，欲吞并大宋江山，宋朝再次上当受骗。

1258 年，蒙古的蒙哥汗派三路大军，向南宋大举进攻。宋军由于缺乏准备，不堪一击，连连败退。但蒙哥在一次战斗中，中箭身亡，他的弟弟忽必烈并没有因此匆匆收兵，反而更加坚定了攻宋的决心，还准备打败宋朝后，返回蒙古夺取汗位——蒙古的最高权力。

在蒙古的强大攻势之下，南宋皇帝理宗和部分大臣准备离开都城逃跑。而皇帝的侍从官文天祥却力排众议，大义凛然地对皇上说："陛下乃一国之主，迁都会动摇军民之心，主张迁都的人，应当斩首示众！"大臣王应麟赞同文天祥的意见，认为提出迁都的人"罪该万死，理当斩首"。

理宗皇帝原本打算逃跑，此时见文天祥等人据理劝阻，心中不悦，还无法发作，只好厉声命令文天祥拿出好办法。

文天祥说："现在应当把主张抵抗侵略、救国救民的人提拔上来，加强各个地方的抵抗能力。各州县的粗粮当做军需品，以利备战。臣在殿试时将'自强不息'四个字写在考卷上，蒙陛下钦点为状元，臣为保国万死不辞！"

说起"自强不息"四字，理宗皇帝记忆犹新。那时文天祥刚 21 岁，在临安参加进士考试，利用试卷指出封建教育制度的弊端，勇敢地提出政治改革的主张，意外地得到主考官的赏识，录取他为进士第一名，然后参加殿试。他在殿试时，显示了与众不同的文风，写出"自强不息"四个意义深远的字，意思是说：大宋朝应自己强大起来，只有如此，才会使金等国不敢侵略，宋国也不必向他国称臣纳贡。主考官和皇帝将文天祥定为状元。

左相兼枢密使吴潜是一位很少发表见解的人，此时站出来公开支持文天祥的观点。吴潜的话音刚落，军器太监何子举马上表示赞同。在这种情况之下，理宗无法坚持迁都逃走，被迫改变了主意，但并未采纳文天祥积极备战抗击侵略的建议。

1264 年，理宗赵昀病故，太子赵禥即位，即度宗皇帝。宋度宗是个无能之辈，不思外患内忧，整日沉溺于酒色之中。而这时由忽必烈做了大汗，他把吞并南宋作为头等重要战略，积极做着准备。1271 年，蒙古迁都燕京（今北京），建国号为元，忽必烈自封为皇帝，模仿汉人封建社会的君主制度。

1273 年，忽必烈下令，派 20 万水陆大军进攻南宋。南宋被迫应战，但毫无战斗力，元军几乎进入无人之境。第二年，度宗病亡，四岁的赵显当了皇帝。谢太皇太后要求各地派兵抵抗元兵，而大多数地方官员却按兵不动，只等元兵一来便投降。

文天祥此时在赣州当知州，他招募了万名兵士去保卫临安。然而，众多宋朝将领相继投降，文天祥的抵抗力量太薄弱了，无奈之下，他同另一位敢于抵抗敌军的将领张世杰保护着太皇太后、太后和皇帝等人，逃到海上避难。新任宰相陈宜中见大势已去，便偷偷以皇帝名义写了降书，并偷出传国玉玺，派人送至元军。陈宜中做贼心虚，又连夜逃到温州去了。在这种情况下，文天祥受命于危难之中，接替了陈宜中的右相职位。谢太后命令文天祥去和元军议降。

文天祥在元朝统帅伯颜面前毫无惧色，他义正词严地说：“若北朝想让宋为附属国，那就请你退兵，然后再商议岁币金帛之事，此为上策；若一定要把宋朝灭掉，恐许多地方难以攻取，胜负难料，请大帅深思。”伯颜说不过文天祥，一怒之下将他扣押。1276 年 3 月，伯颜率兵攻入临安城，将皇帝、太后、太皇太后等人抓至元朝，此时的宋朝等于灭亡了。

文天祥在被元兵押解途中逃脱，积极准备恢复宋朝，抗击元兵。

1276 年，9 岁的赵昰在福州被拥立为皇帝，重新恢复宋朝名号，陈宜中任左相，张世杰任枢密使。他们把文天祥找来福州。文天祥号召各地起兵，共同与元兵作战。他亲自率兵，取得一些胜利。元兵吃了败仗，将文天祥作为头号对手进行围剿，在敌众我寡的形势下，文天祥在赣州战败，被迫逃走。

1278 年 3 月，小皇帝赵昰病故，8 岁的赵昺即位。左相陈宜中见宋朝没有希望，再次偷着逃走了。文天祥继续与元兵周旋，不幸被捕。元军统帅张弘范劝说文天祥投降，但文天祥视死如归，要求将自己处死。张弘范认为文天祥是位难得的人才，没有杀他，把他软禁在军船上。

文天祥在船上，面对零丁洋，思绪万千，如浪涛翻滚，遂提笔写下千古流传的诗作《过零丁洋》：

辛苦遭逢起一经，干戈寥落四周星。
山河破碎风飘絮，身世浮沉雨打萍。
惶恐滩头说惶恐，零丁洋里叹零丁。
人生自古谁无死，留取丹心照汗青！

1279 年 2 月，南宋最后一支抵抗队伍失败，枢密院事陆秀夫同宋朝最后一个小皇帝赵昺一起投海身亡，至此，统治近 320 年的宋朝，彻底灭亡。

文天祥在元朝被关押了三年多，其爱国信念丝毫不改。元朝皇帝忽必烈亲自劝降未果，便下令将文天祥杀害了。

爱国守节的苏武

苏武是西汉尽忠守节的著名人物。汉武帝时，大将霍去病打败匈奴，使其元气大伤，退到大沙漠以北，好些年不敢派兵骚扰汉朝的边境。有时候匈奴派使者到汉朝来访问，表现出一副友好的样子，其实是来探听消息，想为匈奴进行骚扰汉朝找机会。为了表示友好，汉朝也派使者去回访，还送去一些中原地方的土特产。可是匈奴单于很不讲信用，经常扣留汉朝派去的使者。汉朝为了报复，也扣留匈奴派来的使者。这样，日子一久，双方互相扣留使者的事达到十多起。

天汉元年（公元前 100 年），匈奴放了被他们扣留的汉朝使者路充国，路充国随同匈奴的使者回到了长安。汉武帝立即召见了他，问明情况。

路充国陈奏说："现在匈奴由且继单于，他十分怕汉朝派兵打他，自称：'我乃儿子，怎么敢对抗汉朝，汉天子是我丈人呢！'并且把原先扣留的汉使全部释放送回，奉书求和。"

汉武帝听了路充国的报告，又召来匈奴使者，呈上来书，展阅一番，觉得匈奴单于果然还懂道理，便决定与匈奴友好相处。就派中郎将苏武为正使、副中郎将张胜为副使，带着助手常惠和一百多名士兵，还带了许多金银绸缎等礼物，护送以前扣留下来的全部匈奴使者，出使匈奴。

苏武到了匈奴，把带去的匈奴使者当面交还给了单于，并且送上礼物。哪里知道匈奴单于反复无常，见到汉朝送来那么多礼物，认为是怕他，反而骄横起来。苏武为了维护双方的友好，尽量耐着性子跟单于打交道，准备完成任务后，尽快返回汉朝。

苏武正在准备回汉朝的时候，不料发生了一件意外的事情。

早在苏武出使匈奴之前，有个叫卫律的汉朝使者投降了匈奴，并且死心塌地地为单于出谋划策，卫律的部下有个叫虞常的人，是个忠于汉朝的血性汉子，他出于义愤，一心想找个机会把卫律收拾了。苏武出使匈奴，虞常高兴极了。他本来认识苏武的副使张胜，就暗地和张胜商量说："卫律这个卖国贼，干尽了坏事。我决定暗地里除掉他。我的母亲和弟弟都在汉朝，万一我有个什么不幸，希望皇上能够好好照顾他们。"张胜很赞成虞常的打算，并资助了他一些财物。没想到虞常办事不够谨慎，计谋泄露了，他被单于逮捕，交给卫律审问。

事情发生后，张胜想到一定会牵连上自己，只好把虞常跟他合计的经过告诉了苏武。苏武说："事情已经到了这般地步，你才告诉我，看来我也要受牵连了。我是汉朝使者，如果上公堂受审，等于我们汉朝受了侮辱，还不如趁早自杀为好。"说着，就拔出刀来要自杀。张胜和随员常惠眼疾手快，夺去他手里的刀，把他劝住了。

虞常受尽了种种刑罚，只承认跟张胜是朋友，说过话，拼死也不承认跟他同谋。

第二天，卫律又提审虞常和张胜，叫苏武去旁听。在审问的过程中，卫律当场把虞常杀死，以此来威胁苏武。张胜害怕了，跪下投降，并承认了与虞常同谋。于是，卫律对苏武说："副使有罪，你应当跟他连坐。"苏武从容地回答道："我不知道他们的密谋，跟他们又没有亲属关系，凭什么叫我连坐？"卫律举着宝剑对苏武说："你不投降，我就杀了你！"苏武面不改色地迎上去说："你胆敢杀了我，汉朝定会发兵荡平匈奴，你会死无葬身之地。"卫律看苏武那样镇定，知道用武力吓不倒他，只好向单于报告。

单于听说苏武这样坚定，就更希望他投降，便让卫律去劝苏武投降。卫律见到苏武，装出一副讨好的样子，笑对苏武说："我也是不得已才投降匈奴的。单于待我很好，封我为王，给我几百名部下和满山的牛羊，享不尽的荣华富贵。先生如果能投降匈奴，也会跟我一样。何必白白送了性命呢！"

苏武听了，怒气冲冲地站起来说："卫律你这个无耻之徒。你是汉人的儿子，做了汉朝的臣下。你厚颜无耻地做了叛徒，背叛了父母，背叛了朝廷，还有什么脸面来同我说话。"

卫律碰了一鼻子灰，只好向单于报告。单于便把苏武关入地窖，不给他吃的喝的，想用长期折磨的办法，逼他屈服。这时候正是入冬天气，外面下着鹅毛大雪。苏武忍饥挨饿。渴了，就捧一把雪止渴；饿了，就扯一些皮带、羊皮片什么的啃着充饥。

过了几天，单于见折磨他也没用，只好把他放出来，说要封他为王，苏武说什么也不答应。单于只好又把他送到北海（今贝加尔湖一带）边去放羊，还说："等公羊生了小羊，放你回去。"公羊怎么能生小羊，这明摆着是说要长期监禁苏武。

苏武到了北海边，身旁什么人都没有，和他做伴的只有那一群公羊和那根代表汉朝的旄节。那根旄节从不离手，连晚上睡觉也搂在怀里，他总想着有一天，拿着旄节回到自己的国家。

直到汉昭帝始元六年（公元前 81 年）的春天，苏武、常惠等 9 人才回到了久别的长安。苏武出使的时候，是个 40 岁左右的壮年汉子，他在匈奴度过了 19 年异常艰苦的岁月，回来已经是个须发全白的老人了。他坚强不屈，不怕磨难，永不失节的非凡事迹，轰动了朝野上下，不论是做官的，还是普通老百姓，一提起苏武的名字，没有一个不钦佩的。

2006年3月4日，中共中央总书记胡锦涛在看望政协委员时强调，要引导广大干部群众特别是青少年树立社会主义荣辱观，坚持以热爱祖国为荣、以危害祖国为耻，以服务人民为荣、以背离人民为耻，以崇尚科学为荣、以愚昧无知为耻，以辛勤劳动为荣、以好逸恶劳为耻，以团结互助为荣、以损人利己为耻，以诚实守信为荣、以见利忘义为耻，以遵纪守法为荣、以违法乱纪为耻，以艰苦奋斗为荣、以骄奢淫逸为耻。其中以“热爱祖国为荣”为核心。

祖国是一个人成长的地方，是一个人生命的依托。只有在自己的祖国，一个人才能找到真正的归属感，因此每个人都应该热爱自己的祖国。中国是个礼仪之邦，每个公民都应该知道礼义廉耻，所谓“国破家何在?”每个热爱祖国的人，都应该坚持国土的统一。不管是在塞外牧羊的苏武，还是在海上以身殉国的邓世昌，不管是在战斗中牺牲的董存瑞，还是在科学研究中取得骄人成绩的钱学森，他们身上都有一种让我们所有人尊敬的东西——热爱祖国。对于那些做出危害祖国、为了自己的利益牺牲出卖国家的人，不仅要鄙视他们，更该和他们作斗争。

第二章　以服务人民为荣 以背离人民为耻

“为人民服务”最早是由毛泽东主席提出来的。这句话原本出自毛泽东在中央警备团追悼张思德会上的演讲。张思德生前系中央警备团战士，1933 年参加革命，任劳任怨，1944 年 9 月 5 日，在陕北山中烧炭，因炭窑崩塌而牺牲。毛主席在演讲中说：“我们的共产党和共产党所领导的八路军、新四军，是革命的队伍。我们这个队伍是完全为着解放人民的，是彻底地为人民的利益而工作的。”他还说为人民利益而死，他的死就是重于泰山。

邓小平同志进一步发展了毛泽东同志的“为人民服务”的思想，不论是在理论和实践上，都极其重视“为人民服务”。改革开放以来，他更明确地指出，人民满意不满意、人民高兴不高兴、人民赞成不赞成，应当成为检验一切工作的标准。

再从中国千百年的历史来看，所有为人民的利益着想，服务于人民的人都得到了人民的爱戴，而背离人民的人都遭到了人民的唾弃。由此可见，社会主义道德建设提出以“为人民服务”为核心，是有其丰富的内容和深刻的含义的。

人民的好总理周恩来

周恩来——中国人民最敬爱的总理。周总理的一生都在服务人民，鞠躬尽瘁，死而后已。

周恩来，出生在江苏淮安，原籍浙江绍兴。周总理从小就接受了良好的教育，1917 年留学日本，1919 年回国后，一直从事反帝反封建的革命活动。1920 年至 1924 年先后去法国和德国勤工俭学。1922 年加入中国共产党。1924 年 8 月从法国巴黎回到中国后，一直从事抗日工作、解放人民的工作。新中国成立后历任政府总理、外交部长（兼任）、中共中央军委副主席，第一届全国政协副主席，第二、三届全国政协主席。是中共五届中央委员，中共六至十届中央政治局委员，中共六届、七届中央书记处书记，中共八至十届中央政治局常委，中共八届、十届中央委员会副主席，一至四届全国人大代表。

周总理在担负处理党和国家日常事务的同时，还和毛主席一起制定了党的社会主义建设路线、方针、政策。1960 年他提出调整、巩固、充实、提高的方针，并采取一系列措施，使国民经济顺利地得到恢复和发展。他还提出中国的知识分子在中国的现代化建设中起到的重要作用。当时许多的知识分子都在他的关怀下，在我国的各行各业作出了突出的贡献。

在外交上，周总理提出了著名的《和平共处五项基本原则》，1955 年他率领中国代表团出席第一次亚非会议，会议通过了以和平共处五项原则为基础的万隆会议十项原则。文化大革命时期，为保护大批的党内外干部，他费尽心血，并同林彪、江青反革命集团的阴谋进行了各种形式的斗争。1972 年患病后，还一直坚持工作。

周总理每日都在操劳国事，日理万机，无暇顾及自己的生活。他和夫人邓颖超的工资都是由他的司机杨金铭去领取的，家里的日常开支管理也是由杨金铭负责，到了月末的时候杨金铭再向邓颖超报一次账。20 世纪 60

年代的一天，周总理突然要杨金铭详细报告一下他家近两个月的收支情况，于是杨金铭便拿起记账的笔记本念了起来。当杨金铭念到买盐花了1角5分钱时，周总理让他停了下来，并让他再报一次买盐花了多少钱。当杨金铭再次告诉他是1角5分的时候，他用疑惑的眼光望着杨金铭说："你们买盐多花了一分钱。"当时杨金铭一阵紧张，连忙放下手中的笔记本，找出了买盐时收到的那张收据，上面清楚地写着："大盐一斤，壹角伍分"。周恩来查看了那张买盐的发票后，示意杨金铭和警卫员离开，然后立刻就给北京市的有关部门打了电话，询问他们民用食盐为什么每斤要涨价1分钱。当他们告诉总理是因为北京市卫生局为了预防甲状腺肿大而对食用盐加碘，增加了成本，才促使食用盐价格提高之后，周恩来这才放心。

第二天，周总理外出时告诉杨金铭，自己并不是在意开支中多花了一分钱，而是因为食盐是所有人民都要使用的消费品，不能随便涨价。

除了在日常生活中时时关注民生外，周总理在自己的日常生活中也非常简朴，对自己要求也非常严格。

周总理吃饭很简单，经常是两菜一汤，主食吃普通面粉，不吃富强粉，吃普通大米，不吃小站稻，而且每周至少一顿粗粮。在三年自然灾害时期，周总理不吃肉，不吃鱼，不吃蛋，和全国人民同甘共苦。在中南海，他常常亲自排队买饭。有一次，他买了一碗玉米饭和一碗汤，最后碗里剩下的汤，周总理就用窝窝头蘸着吃完，一点也不浪费。同志们见到这种情景，都非常感动，劝他说："总理，您肩上的担子重，一定要保重身体。现在虽然困难，但我们这么大的国家总能让您吃好一点。"周总理却亲切地对大家说："现在全国人民都在度荒年，我们领导更要带头。"

1973年9月，周总理陪同法国总统蓬皮杜访问杭州。这天下午，周总理请随行工作人员到杭州有名的酒家"楼外楼"吃饭。这是总理第9次上"楼外楼"，酒家职工们非常高兴，除了准备西湖醋鱼等高档名菜外，还端上了总理喜欢吃的绍兴霉干菜、豆芽菜等家常菜。饭后结账时，省里的同志说由地方报销，周总理坚决不肯，坚持要自己付钱。当时店里的工作人员知道，要是他们不收钱，总理会生气的，于是就收了10元。谁知周总理不肯，说："10元钱怎么够，要收足。"店员们商量了一下，加收了5元。不料周总理又说："不够的，要同一般顾客一样收。"没办法，店里只好又收了5元，就这样收了20元。没想到一个小时后，杭州机场来了电话，说总理上飞机前留下10元钱补交中午的饭费。店员赶快把当天的午餐费按照牌价表仔细算了一遍，餐费应是19元多一点。

周总理住的是旧房子，地面的方砖高低不平，泛潮泛碱，天花板和四周墙壁都已灰黑，门窗缝是用纸糊的。虽然这样，但他一直不让修缮。1959年，趁他外出，管理人员替他翻修了房子，装上地板，换了地毯、窗帘、洗澡盆。没想到，周总理外出回来，却少有地发了脾气，把有关同志严厉批评了一顿，并且愤然离去，不肯回家。有关同志多次认错检查，又请陈毅等老同志出面，周总理仍然不肯回家，并且主动在国务院做检查，要大家吸取教训，还专门召开会议做自我批评，要大家引以为戒。一些老同志劝说："已经这样了，以后注意就行了。"周总理却说："不能有以后，一讲以后就止不住了。"结果，除了地板之类无法取走的东西之外，凡能取下来的东西都退回了公家。

平凡岗位上不平凡的李素丽

李素丽，北京市公交总公司公汽一公司第一运营分公司21路公共汽车售票员。21路公共汽车北起北京北站，南到北京西站，沿线10公里分布着14个车站。她真诚热情地为乘客服务，被誉为"老人的拐杖，盲人的眼睛，外地人的向导，病人的护士，群众的贴心人"。

"各位乘客，您好！欢迎乘坐我们21路1333号车。您可能来自祖国的大江南北、四面八方，我将用北京人热情好客的传统，为您提供周到的服务。途中，如果有什么困难、有什么要求，请不要客气，我会热心帮助您。"伴着扩音器里李素丽甜润的声音，汽车启动了。

1981年李素丽参加工作的时候只有19岁，从参加工作开始她就以"全心全意为人民服务"作为自己的座右铭。1987年她加入了中国共产党。1996年她被全国妇联授予全国"三八"红旗手的光荣称号。2004年雅典奥运火炬北京接力活动中她是148名火炬手中的其中之一。

在这个平凡的岗位上，李素丽根据乘客的不同需求，给他们最需要的服务：老幼病残孕，怕摔怕磕怕碰，李素丽搀上扶下；“上班族”急着按时上班，李素丽尽量让他们上车；外地乘客容易上错车或坐过站，李素丽及时提醒他们；中小学生天性活泼，李素丽提醒他们在车上维护公共秩序，车下注意交通安全。李素丽习惯在车厢里穿行售票，车里人多，一挤一身汗，可她说：“辛苦我一个，方便众乘客。”李素丽售票台的抽屉里总是放着一个小棉垫，那是她为抱小孩的乘客准备的，有时车上人多，一时找不到座位，李素丽就拿出小棉垫垫在售票台上，让孩子坐在上面……

李素丽说过：“我为我的职业、我的岗位自豪，是它给了我每天都能向他人奉献真情的机会，让我每一天都感到充实。”她不仅说到了，她也做到了，在她服务的车厢内，总是干干净净的，不管是扶手还是车窗上的玻璃都是一尘不染。除此之外，她的热情服务也给乘客留下了良好的印象。很多从国外或是外地来北京的乘客，乘坐的第一趟公交车就是她服务的。她常说，国内外乘客下了火车，接受北京的第一次公交服务，可能就是我这个售票员，服务的好坏直接关系到首都的声誉和中国的形象。我一定要让他们从一开始就感受到北京人的热情。

李素丽售票台旁的车窗玻璃，一年四季进出站时总是敞开的。她说，只有这样才能更好地照顾乘客。遇到下雨的情况，她就通过打开的车窗，伸出雨伞遮在收伞的乘客头上。她还在车上准备了一个方便袋，遇到堵车，就拿出报纸、杂志，让乘客看一会儿，缓解焦急。看到有人晕车或不舒服想吐时，她会赶紧送上一个塑料袋。遇有不小心碰伤的乘客，她的小药箱里有“创可贴”；姑娘们夏天穿着长裙上下车，她忘不了提醒往上拎一拎，以免让人踩到摔跟头。

南来北往的这么多年，李素丽见过无数的乘客，偶尔难免会发生一些不愉快的事情。特别是在早晚上下班高峰期间，车厢拥挤、嘈杂，有时还会发生矛盾和口角。李素丽往往几句话就化解了一个个矛盾。

有时候乘客和售票员之间也会发生一些矛盾。但是李素丽总有办法化解，而且总是能让人信服。有一次，李素丽查验下车乘客的车票，一个小伙子掏完衣兜掏裤兜，就是拿不出票来。李素丽看出小伙子没买票，于是说："您可能一时着急找不到票了，要不，您今天再买一张，下车后，您要是找到了，下次坐我的车就不用买票了。"小伙子不好意思了，拿出两元钱说："大姐，刚才我没买票，您说怎么罚就怎么罚吧！""按我们的规定，下车逃票才罚款，您及时补票就行了。下次上车要主动买票，这样就不耽误您的时间了。"事后，李素丽说："人人都有自尊心，售票员不能得理不让人。让乘客下台阶，我的服务就上了台阶"。

然而，即使李素丽能够服务周到，有时候还是会碰到一些不讲理的人。听说，有一次有个年轻的乘客在干干净净的地板上吐了一口痰。李素丽轻声提醒他不要随地吐痰。没想到气呼呼的小伙子又吐了一口。这时，李素丽没有再说话，走过去，掏出纸把地板上的痰迹擦干净。在全车人的注视下，小伙子脸红了，下车时连连道歉："刚才全是我不对，请大姐原谅。"

公共汽车是一个流动的社会，车上人来人往，有些是过客，有些可能是能成为这里的常客。在这样一个社会里，语言艺术就非常关键。而李素丽总是能用她的言语让人感到温暖，当遇到问题的时候，她也能用一些合情合理的话来说服他人。

有一次一位小伙子给一对母女让座，小女孩坐在座位上却没有向小伙子道谢。见此情景，李素丽便对小女孩说："叔叔给你让座，该说什么呀？"小女孩赶忙对小伙子说："谢谢叔叔。"多么动人的场面。想必这位青年以后再给人让座的时候，一定也会很开心的，而那位女孩也懂得了得到别人的照顾应该表示感谢。

比如，车辆拐弯，她提醒乘客扶好坐好；遇上满载，需要疏导车内乘客，她说："请您往里走半步，后面的同志就上来了。"有老、弱、病、残、孕者上车，她问："哪位年轻同志少坐一会儿……"这些话，非常贴近乘客的实际情况，让人听起来是那么亲切。

坐过李素丽服务的车的乘客都知道李素丽的声音好听，笑容好看。为什么呢，原来那是她反复训练自己的结果。每次在车下她都要反复练习如何吐字用气，怎样把握声调和语气，怎样控制时间，如何绽露动人的笑容。

李素丽曾经说过："无论当一名普通的售票员，还是到公交总公司当管理人员，身为一名共产党员，我都坚持做到：岗位变了，为人民服务的思想不能变。因为江总书记教导我们：'中国共产党代表着中国先进社会生产力的发展要求，代表着中国先进文化的前进方向，代表着中国最广大人民的根本利益。'我是党和国家培养的劳动模范，无论何时何地，在什么岗位上，都应该虚心学习，刻苦钻研科学文化知识和本职业务，都要做到干一行爱一行，干一行钻一行。”短短的几句话，就体现了她的服务精神。

后来北京市公交总公司还开通了李素丽热线。

人民公仆孔繁森

20世纪90年代，我国的经济发展得到了一个质的飞跃，在这样的时代背景下，各行各业涌现出大量先进人物，也产生了一个时代的精神人物——孔繁森。

孔繁森，1944年出生于山东聊城市堂邑五里墩，1961年7月于聊城技校毕业后，应征入伍。1966年孔繁森加入中国共产党，1968年复员回到聊城，任聊城技工学校革委会副主任。1971年到聊城地革委生产指挥部工作。1979年7月赴西藏自治区，任中共岗巴县委副书记。1981年回到聊城。1988年孔繁森再次赴藏，任拉萨市人民政府副市长、党组副书记。1992年11月，调任阿里地委书记、阿里军分区党委第一书记、政协阿里地区委员会主席。1994年9月被国务院授予“全国民族团结进步先进个人”称号。1994年11月29日，在带领工作组赴新疆塔城地区考察时，不幸以身殉职。

从1979年进藏到1981年回到聊城，孔繁森在岗巴待了三年，在这三年里他跑遍了岗巴县的乡村与牧区，访贫问苦，和当地群众一起干农活、修水利，和当地人民群众结下了深厚的友谊。

1988年，孔繁森第二次进藏，担任拉萨市副市长，分管文教、卫生和民政工作。孔繁森一上任就到各学校了解情况，上任仅四个月的时间，他就跑遍了全市八个县区所有的公办学校和一半以上的村办小学。在他的大力治理之下，适龄儿童入学率从45%提高到80%。

他还走访了拉萨市的48个敬老院（当时拉萨全市共有56个敬老院），

给孤寡老人送去了党和政府的温暖。

因西藏偏远地区医疗卫生条件较差，他每次下乡时都特地带一个医疗箱，买上数百元的常用药，送给急需的农牧民。一个医药箱虽然解决不了所有问题，但对患者来说，却往往是性命攸关。为了结束尼木县续迈等三个乡群众易患大骨节病的历史，他几次爬到海拔近5000米的山顶水源处采集水样，帮助群众解决饮水问题。

1992年，拉萨市黑竹、工卡等县发生地震，任拉萨市副市长的孔繁森赶赴灾区。在那里，他收养了三个孤儿，并将他们带回了拉萨，照顾他们的日常生活，教他们读书识字。节假日只要有空，他就带上他们逛公园，逛商店，给他们买衣物。孔繁森虽然是副市长，但他每次下乡去，总要带些自己的钱给生活困难的乡亲，往往一月刚过半，工资就花光了，有时连伙食费也不够交。他自己经常吃榨菜拌饭，可是却从不肯委屈孩子。为了给孩子们补充营养，他竟不顾当时自己身体的健康状况，去医院卖血。当时拉萨市的市长格桑顿珠见他负担太重，领走了一个孔繁森领养的孩子。

1992年，孔繁森第二次调藏工作期满，西藏自治区党委决定任命他为阿里地委书记，这一任命意味着孔繁森将继续留在西藏工作。面对人生之路又一次重大选择，他毫不犹豫地服从了党的决定和人民的需要。阿里地处西藏自治区的西北部，平均海拔4500米，被称为“世界屋脊的屋脊”。阿里的面积相当于两个山东省，而人口仅有六万，地广人稀，这里常年气温零度以下，最低温度达零下40多度，每年7至8级大风占140天以上，恶劣的自然环境，艰苦的生活条件使许多人都望而却步。

为了摸清阿里的实际情况，他深入调查研究，求计问策，寻找带领群众脱贫致富的路子。不到两年的时间，他跑遍了全地区106个乡中的98个。他同随行人员饿了就吃口风干的牛羊肉，渴了就喝口山上流下来的雪水。在他的努力下，阿里的经济有了较快的发展。1994年，阿里地区的国民生产总值超过1.8亿元，比1993年增长了37.5%。

为了制定把阿里地区的经济带上新台阶的规划，孔繁森准备在最有潜力的边贸、旅游等方面下工夫。为此，他带领有关部门，亲自到新疆塔城进行边贸考察。1994年11月29日，完成任务返回阿里途中，不幸发生车祸以身殉职，时年50岁。孔繁森殉职时，身上的“财产”仅有8.6元人民币。

为纪念孔繁森、发扬孔繁森的无私奉献精神，中共聊城地委、聊城地区行署，中共西藏自治区党委，中共山东省委、山东省人民政府，先后作出了向孔繁森同志学习的决定。《人民日报》发表《向孔繁森同志学习》的社论。中共中央总书记、国家主席江泽民，国务院总理李鹏，中共中央政治局常委、全国人大常务委员会委员长乔石先后为孔繁森题词，对孔繁森同志给以极高的评价。中共中央组织部追授孔繁森“模范共产党员”“优秀领导干部”的称号。

全心全意为人民服务的雷锋

雷锋，原名雷正兴。1940 年 12 月 18 日，雷锋出生在湖南省长沙（望城）县简家塘一个贫苦农民家里。因为这一年是农历“庚辰”年，父母给他取了一个乳名叫“庚伢子”。

雷锋出生的时候，正是抗日战争时期，人民生活于水深火热之中。在雷锋不满七岁的时候，他的父母和兄弟都死在民族敌人和阶级敌人的手里，雷锋成了孤儿，后来是邻居家的六叔奶奶收养了他。在六叔奶奶家的时候，雷锋为了帮助家里，经常上山砍柴，可是，当地的山全都被地主霸占着，不许穷人去砍柴。有一天，雷锋到被一个姓徐的地主家霸占的山上砍柴，不想被地主的老婆看见了。她见雷锋在她的“地盘”上砍柴，便指着雷锋的鼻子破口大骂，要雷锋把柴运到她家，并抢走了柴刀。雷锋哭喊着要夺回砍柴刀，可那地主的老婆竟举起柴刀在雷锋的左手背上连砍三刀，鲜血顺着手指滴落在山路上……

1949 年 8 月，湖南解放时，小雷锋便找到路过的解放军连长要求当兵。连长没同意，但送了他一支钢笔。1950 年，雷锋当了儿童团团长，同年夏天，乡政府的党支书供他免费读书，1954 年加入少先队。

1956 年夏天，小学毕业后的雷锋在乡政府当了通信员，不久调到望城县委当公务员，被评为机关模范工作者，并于1957年加入共青团。1958年春，雷锋到团山湖农场，只用了一周的时间就学会了开拖拉机。同年9月，雷锋响应支援鞍钢的号召，到辽宁鞍山做了一名推土机手。1959年8月，他又去到条件艰苦的弓长岭焦化厂参加基础建设，一次，为了使7200袋水泥免受损失，他带着伙伴们在雨中奋战了好几个小时。当时的《辽阳日报》报道了这一事迹。在鞍山和焦化厂工作期间，他曾3次被评为先进工作者，5次被评为标兵，18次被评为红旗手，并荣获“青年社会主义建设积极分子”的光荣称号。

1959年12月征兵开始，雷锋迫切要求参军，焦化厂领导舍不得放他走。雷锋跑了几十里路来到辽阳市兵役局（现人民武装部）表明参军的决心。但是他的身高只有1.54米，体重不足55千克，根本不符合征兵条件，但因政治素质过硬和有经验技术，最后被破例批准入伍。

雷锋入伍后，他被编入工程兵某部运输连四班当汽车兵。1960年11月，他加入了中国共产党。他入伍后表现突出，沈阳军区《前线报》开辟了“向雷锋学习”的专栏。在不到三年的时间里，他荣立二等功1次、三等功2次，受过多次嘉奖，被评为节约标兵，荣获“模范共青团员”的称号，出席过沈阳部队共青团代表会议。1961年，雷锋晋升为班长，被选为抚顺市人民代表。

1960年初夏的一个星期天，雷锋肚子疼得很厉害，于是，他就到团部卫生连开了些药。在回自己连队的时候，雷锋见一个建筑工地上正热火朝天地施工，他们正给本溪路小学盖大楼呢。雷锋情不自禁地推起一辆小车，加入到运砖的行列中去，直到中午休息，雷锋被一群工人围住了，面对大家的疑问，他说：“我们都是为社会主义建设添砖加瓦，我和大家一样，只要尽了自己的一点义务，也算是有一分热发一分光吧！”这天下午，打听到雷锋名字及部队驻地的市二建公司组织工人敲锣打鼓送来感谢信，大家才知道病中的雷锋做了一件好事，过了个特殊的星期天。

1960年8月，雷锋所属的部队驻地——抚顺发洪水，运输连接到了抗洪抢险命令。雷锋忍着刚刚参加救火被烧伤的手的疼痛又和战友们在上寺水库大坝连续奋战了七天七夜，被记了一次二等功。在这次百年不遇的洪灾中，雷锋将自己的仅有的100元钱捐献给了辽阳人民。这些钱是他在工厂和部队攒的200元钱中剩下的100元钱，另外的100元他捐给了望花区党委办公室。当时望花区召开了声势浩大的大生产号召动员大会，上街办事的雷锋恰巧看到了这个场面，他取出存折上的200元钱（存折上共有203元）跑到望花区党委办公室要捐献出来，为建设祖国作点贡献，接待他的同志实在无法拒绝他的这份情谊，只好收下一半。

1960年10月开始，雷锋先后担任了抚顺市建设街小学（后更名为雷锋小学）和本溪路小学校外辅导员。雷锋平时工作、学习都很忙，他只能利用午休时间或风雨天不能出车的日子请假到学校去找教师、同学谈心，或进行其他辅导活动。他善于团结小朋友，启发他们好好学习，天天向上。

从1961年开始，雷锋经常应邀去外地做报告，在出差的过程中，雷锋总是不忘为人民服务。当时流传着这样一句话："雷锋出差一千里，好事做了一火车。"

一次雷锋外出在沈阳车站换车的时候，刚出检票口，就发现一群人围看一个背着小孩的中年妇女，当时那妇女看起来又伤心又焦急。雷锋上前一打听，原来这位妇女从山东去吉林看丈夫，车票和钱丢了。雷锋就用自己的津贴费买了一张去吉林的火车票塞到那位大嫂手里，大嫂含着眼泪说："大兄弟，你叫什么名字，是哪个单位的?"雷锋说："我叫解放军，就住在中国。"

还有一次，雷锋要去沈阳，当时天下着大雨，为了赶早车，他早晨五点多就起来，带了几个馒头就披上雨衣上路了。路上，雷锋看见一位妇女背着一个小孩，手里还拉着一个小女孩，正艰难地向车站走去。雷锋脱下身上的雨衣披在大嫂身上，又抱起小女孩陪他们一起来到车站，上车后，雷锋见小女孩冷得发颤，又把自己的贴身线衣脱下来给她穿上，雷锋估计她早上也没吃饭，就把自己带的馒头给她们吃。火车到了沈阳，天还在下雨，雷锋又一直把她们送到家里。那位妇女感激地说："同志，我可怎么感谢你呀!"

1961年9月，全团上下一致推举雷锋为抚顺市人大代表。

雷锋参加完人代会回到连里就担任了二排四班班长，在他的带领下，四班成了"四好班"，雷锋也成了全连的四好班长。

一天傍晚，天下起大雨，雷锋见公路上一位妇女怀里抱着一个小孩，手里还拉着一个小孩，身上还背着包袱，在哗哗的大雨中一步一滑地走着，雷锋上前一打听，才知道这位大嫂从外地探亲归来，要去十几里外的樟子沟去，她着急地说："同志啊，今天雨都把我浇迷糊了，这还有孩子，我哭也哭不到家啊！"雷锋一听，连忙把自己身上的雨衣脱下，披在大嫂身上，抱起那个大一点的孩子冒雨朝樟子沟走去，一直走了两个多小时，才把她们母子送到家。

过年的时候，战友们愉快地在一起举行各种文娱活动。雷锋和战友们在俱乐部打了一阵乒乓球，这时，他突然想到每到过年、过节的时候，服务和运输部门忙得团团转，一定需要人帮忙啊。想到这里，他连忙放下球拍，叫上同班的几个同志，一起请假后直奔附近的瓢儿屯车站，这个帮着打扫候车室，那个给旅客倒水，雷锋把全班都带动起来为人民做好事了。

1962 年 8 月 15 日上午八点多钟，细雨霏霏，雷锋和他的助手乔安山驾车从工地回到驻地。他们把车开进连队车场后，发现车身上溅了许多泥水，便不顾长途行车的疲劳，立即让乔安山发动车到空地去洗车。经过营房前一段比较窄的过道，为安全起见，雷锋站在过道边上，扬着手臂指挥小乔倒车转弯："向左，向左……倒！倒！"突然汽车左后轮滑进了路边水沟，车身猛然倾斜，碰倒了一根平常晒衣服被子用的方木杆子，雷锋不幸被倒下来的方木杆子砸在右太阳穴上，当场昏倒在地。

战友们立即用担架把他送到附近医院抢救，各级首长立即赶到了医院，同时以最快速度把沈阳的医疗专家接到雷锋床前。由于颅骨损伤，导致脑机能障碍，雷锋这个劳动人民的好儿子，年仅 22 岁的优秀党员，就这样和人民说再见了！

1962 年 8 月 17 日，抚顺市望花区政府礼堂召开了隆重的雷锋追悼会。近十万普通市民自发地护送雷锋的灵柩向烈士陵园走去，许多人泣不成声。

1963 年 1 月 7 日，国防部命名雷锋生前所在班为"雷锋班"。1963 年 3 月 1 日，朱德题词："学习雷锋做毛主席的好战士。"1963 年 3 月 5 日，毛泽东同志亲笔题词："向雷锋同志学习。"刘少奇题词："学习雷锋同志平凡而伟大的共产主义精神。"周恩来题词："向雷锋同志学习：憎爱分明的阶级立场，言行一致的革命精神，公而忘私的共产主义风格，奋不顾身的无产阶级斗志。"1990 年 3 月 5 日，江泽民等党和国家领导人分别题词，号召全国人民进一步向雷锋学习，弘扬雷锋精神，为建设具有中国特色的社会主义而努力。在广泛持久开展学习雷锋活动中，全国各条战线上涌现出大批雷锋式的英雄模范人物。雷锋精神培育着一代又一代新人成长。

雷锋被人们称为共产主义战士，是因为他有着高尚的理想、信念、道德和情操；他的价值，在于他把自己火热的青春全部献给了党，献给了人民。他常说："革命需要我去烧木炭，我就去做张思德；革命需要我去堵枪眼，我就去做黄继光。"他热爱集体，关心战友，关心群众，把"毫不利己、专门利人"看成是人生最大的幸福和快乐，并身体力行。他全心全意为人民服务，只要是对人民有利的事，他都心甘情愿地去做。他总是说要"把有限的生命投入到无限的为人民服务之中去"。"做好事就不要计较别人说什么，只要对人民有益，就应该坚持做下去。"

如果你是一滴水，你是否滋润了一寸土地？如果你是一线阳光，你是否照亮了一分黑暗？如果你是一颗粮食，你是否哺育了有用的生命？如果你是一颗最小的螺丝钉，你是否永远地坚守着你生活的岗位？如果你要告诉我们什么思想，你是否在日夜宣扬那最美丽的理想？你既然活着，你又是否为未来的人类的生活付出你的劳动，使世界一天天变得更美丽？我想问你，为未来带来了什么？在生活的仓库里，我们不应该只是个无穷无尽的支付者。

——摘自 1958 年 6 月 7 日雷锋日记

有些人说工作忙、没有时间学习。我认为问题不在工作忙，而在于你愿不愿意学习，会不会挤时间。要学习的时间是有的，问题是我们善不善于挤，愿不愿意钻。一块好好的木板，上面一个眼也没有，但钉子为什么能钉进去呢？这就是靠压力硬挤进去的，硬钻进去的。由此看来，钉子有两个长处：一个是挤劲，一个是钻劲。我们在学习上，也要提倡这种"钉子"精神，善于挤和善于钻。

——摘自 1961 年 10 月 19 日雷锋日记

一个人的作用，对于革命事业来说，就如一架机器上的一颗螺丝钉。机器由于有许许多多的螺丝钉的连接和固定，才成了一个坚实的整体，才能够运转自如，发挥它巨大的工作能。螺丝钉虽小，其作用是不可估计的。

我愿永远做一颗螺丝钉。螺丝钉要经常保养和清洗，才不会生锈。人的思想也是这样，要经常检查，才不会出毛病。

我要不断地加强学习提高自己的思想觉悟，坚决听党和毛主席的话，经常开展批评与自我批评，随时清除思想上的毛病，在伟大的革命事业中做一颗永不生锈的螺丝钉。

——摘自1962年4月17日雷锋日记

为人民服务的张思德

1915年4月19日，张思德出生于四川仪陇县六合乡韩家湾的一个佃农家。张思德出生的时候，正是家里青黄不接的时候，本来生活就比较艰难的家庭，因增加了一个人口而生活变得更是艰难了。张思德的母亲产后得病，卧床不起，没钱买药，无米下锅，没有奶水喂孩子，只好拖着重病的身子，从穷苦乡亲那里讨得一点谷米，捣碎后熬成糊糊喂养孩子。7个月后，张思德的母亲连病带累，离开了人间。临死前，她把张思德托给了他的叔父和婶娘。因为生活艰难，张思德从小就开始下地干活了。可是尽管全家人整天辛苦劳作，仍然难得吃上一顿饱饭。

1933年，红军到达四川仪陇，并且在那成立了革命政权。同年12月，张思德参加了红军。张思德入伍后，红军要执行新的任务，离开了六合乡。国民党乡长刘红安带领“还乡团”捣毁苏维埃政权，枪杀革命干部和群众。张思德的家人也在被迫害的群众之列，他的父亲被打死，婶母被打伤，妹妹被逼得病饿而死。得知家人被迫害了以后，张思德悲愤欲绝，一心想着回家为亲人和父老乡报仇雪恨。最后在连队干部的帮助下，张思德明白了不能只想着为自己的家人报仇，而要想到广大的百姓，要为所有的无产阶级奋斗。不久，他加入了共产主义青年团，在革命的大熔炉里茁壮成长。

在1933年至1934年粉碎国民党对川陕根据地的两次大规模围攻的战斗中，张思德英勇杀敌、屡立战功，被战友们称赞为“小老虎”。在攻打关门梁的战斗中，他参加尖刀班，冒着弹雨枪林，和战友搭成人梯，攀上寨顶，炸开寨门，为部队打开了通路。接着，他又带领6个战友，扼守一个山包，粉碎了敌军两个排的多次进攻。在另一次战斗中，他冒着枪林弹雨，跑进深谷，攀崖绕行，插入敌后，在接近敌阵时，扔出手榴弹，炸死了敌人，趁着浓烟，扑上高坡，夺来一挺机枪，然后，他端起机枪，向另外一群敌人猛烈扫射，又夺一挺机枪，接着高呼一声："冲啊！"战友们一齐冲上去，歼灭了敌人。战斗中，张思德虽负了伤，却满脸笑容。在另一次战斗中，张思德被一颗子弹打伤右臂，连长让他退下火线，他倔强地说："不，只要还有一口气，我就要战斗！"

1935年5月，红四方面军退出川陕根据地，开始长征。同年6月，红四方面军同红一方面军在四川懋功地区会师。该年的8月20日，红一、四方面军组成左、右路军，开始沿草地北上。就在这时、张国焘大搞分裂主义，擅令红军南下。这样，张思德便随红四方面军，从草地折回南下。在南下的过程中，红四方面军打了许多恶仗，但是却未能改变部队的险恶处境。随着天气日渐寒冷，部队行动更加困难。

1936年1月，长征到达陕北的中央电令张国焘取消伪中央，停止反党活动。张国焘被迫宣布取消了伪中央。

1936年6月，红二、四方面军在四川甘孜会师。接着，红二、四方面军分为左、中、右三路纵队，沿草地北上。这是红四方面军第三次过草地了。

进入草地半月之后，出现了严重的困难——部队断粮了。骡马都被宰了充饥，吃完了骡马之后，战士们的皮带、枪背带也被煮着吃了。为了战胜困难，走出草地、战士们冒着生命危险，寻觅无毒的野菜充饥。每当战士们采摘野菜的时候，张思德总是亲自先尝试，尝到野菜没毒才让大家采摘。有一次，张思德和一小战士出去找野菜的时候，尝了一种有毒的野菜，吃完后，他突然感到肚子一阵疼痛，直想呕吐，接着就吐出一口口清水。在他失去知觉之前，他告诉小战士说："这草有毒，快告诉大家别采！"话刚说完，他就失去了知觉。战友们知道后迅速找到卫生员，要了解毒药给他服下，他才苏醒了过来。

一天，他们走到了葛河，他们知道只要过了葛河，再走不久就要出草地了。当他们兴高采烈地过了河，正在拧干衣服，准备继续前进的时候，身后传来了呼救声。原木是总部医院的几位女同志，身材瘦小，被河水冲倒了。只见他们在水中挣扎着，身上的药包在水上漂浮。

张思德领着几个战士赶忙奔向下游，拦住了急流中的女同志，把她们一个个背上岸。

1936 年 10 月，红二、四方面军到达甘肃会宁、静宁一带，同前来接应的红一方面军会师。会师后，红一、二、四方面军协同作战，胜利地进行了山城堡战役，打破了国民党的围攻。

抗日战争爆发后，红军改为八路军。张思德所在部队准备开赴抗日前线。部队中的老弱病残人员被留下来，编成一个留卫连，负责警卫关中云阳八路军留守处和残废军人医院（即荣誉军人学校）。当时，张恩德身体患病，被编进了警卫连，任一排二班副班长。因为被留下的大部分都是病残人员，即使是张思德所在的警卫连也不例外。警卫连刚成立那阵，张思德班里好几位同志病重，卧床休息。张思德虽然也生着病，可是他还是负起照顾战士们的任务——平时张思德就给重病号端茶送水；晚上站岗时，他经常连站两班，让患病的同志多休息一会儿。班里的内务也常常是他整理：打水，扫地，补衣服，打草鞋。

当时张思德班级有个战士是南方人，因为想家而闹情绪。凡是轮到他站岗放哨，他就称病请假。同志们在班务会上批评他装病，谁知不但问题没有解决，反而越闹越僵，他干脆连早操也不出了，天天睡懒觉。见此情景，张思德就将自己的铺搬到这个战士旁边，头并头地与他睡在一起，和他谈心。接着他了解到，这个战士也是贫困家庭出身，他是在地主家打长工的时候，被国民党抓了壮丁，在直罗镇战役中被解放，自愿加入八路军。得知这些情况后，张思德就对他做思想工作，启发和教育他树立革命的信念。在后来的生活中，他还常常照顾这位战士，使得该战士得到很大的鼓舞，从此在工作非常积极，成了班级里的骨干。

1939 年春天，云阳的国民党军队开始制造摩擦事件，限期八路军离开云阳。为了顾全大局，留守处和残废军人医院于秋初开始长途行军，向旬邑土桥一带转移。在行军过程中，大部分的战士刚走两天鞋底就脱了帮，只好用绳子绑着走路。关中的路边长满了蒺藜，有的同志鞋底磨穿，脚上扎了刺，每走一步都钻心地疼。看到同志们一瘸一拐地走路，张思德提出打草鞋，可是一时找不到稻草，他心里非常着急。

有一天行军时，张恩德在路边发现了一片马蔺草，就用刺刀把马蔺草割下来，捆成一捆，背在身后。晚上宿营后，他就赶着打草鞋，等他一口气打完三双草鞋，已是凌晨了。从此，战士们在行军时只要发现马蔺草，就把它割下来，背在身上。到了宿营地后，跟张思德学习打草鞋。这样，一段时间后，大家都穿上了草鞋。

留守处和残废军人医院的同志到达土桥之后，天气开始变冷。为了解决冬季取暖问题，上级决定烧木炭。张思德懂得烧炭技术，于是他和班长带领战士们上山烧木炭。烧炭又苦又累，可是张思德他们一点也没有抱怨。每次炭窑点火后，张思德就守在窑边，累了打一会儿盹，再接着干。等到窑烧好，他的眼睛也熬红了、人也累瘦了。那年冬天，张思德领着战友烧了三个月木炭。烧炭结束后，他被评为劳动模范，留守处奖给他一条毛巾和一个笔记本。

1940 年春天，张思德随警卫连回到了党中央所在地延安。不久，他被分配到中央军委警卫营担任通信班长。

1940 年初夏，为解决中央机关冬季采暖问题，张思德带领一班人到延安以南的土黄沟的深山老林中烧木炭。烧炭要打炭窑，洞口很小，里边很大，每次要出 500 千克木炭。木材在窑中要立起来码放，还要会看火候。开窑出炭是非常辛苦的，里边活像一座焚化炉。那时没有任何防护用品，连起码的手套都没有。人要爬进去，将木炭一根一根地传出来。进去一次，人就被烤得好像要脱一层皮。这种最脏最苦的活儿，张思德总是抢在最前面。苦战三个月，经过伐树、烧火、出窑、捆扎、运输等数道繁重的工序，终于把 8 万斤木炭运到了延安。

1941 年，抗日战争进入了最艰苦的时期，为克服敌人封锁带来的经济困难，张思德随警卫营到南泥湾开荒。除了生产任务外，张思德同时还担负着通讯工作，他总是白天劳动，夜里步行，长距离送信，积极完成通讯任务。

1942 年秋，军委警卫营和中央教导大队合并，成立了中央警备团。当时，上级决定张思德由班长改当战士，张思德愉快地服从组织分配。

1943 年初春，组织选派张思德到枣园内卫班，在毛泽东身边当警卫战士，当时张思德异常激动，决心做好毛主席的忠诚卫士。为了能使毛主席愉快地工作和生活，张思德把自己的全部心力都用到照料毛主席的生活和警卫工作上。毛主席有个习惯，写文章时彻夜不睡，天亮后才躺一会儿。为了让主席能多休息一会儿，每逢主席熬夜时，他就早早起床，到主席窑洞附近看看，如果发现有早起觅食的鸡和狗，就悄悄地把它们赶走，听到鸟儿唧喳，他就用石头向树上掷去，把鸟儿撵走，以防吵醒了主席。如果遇到有人求见主席，只要情况不紧急，他就说明情况，说服他们等一会儿再来。

一次，毛主席刚起草了一份紧急文件，需要立即交送到有关部门。张思德接受了任务。送这份文件需要过河，可是当时天正下着暴雨，河水暴涨，根本无法过河。张思德想了想，接着拿了一根长绳来到河边，将绳的一头绑在树上，又在绳上套上个环，环上拴细绳，把公文牢牢绑在环上，随后牵着绳子的另一头，跳进了激流。他奋力拼搏，虽已筋疲力尽，但终于过了河，他将绳子拴在树上，然后拉动细绳，把拴在环上的公文拉了过来，及时把文件送到了有关部门。

枣园位于延安城西北，距城有十多里。那时候，正值抗日战争最艰难的岁月，毛主席工作十分繁忙，常常要上延安城里开会。毛主席每次外出，内卫班便跟着他前往。当时国共合作，国统区有很多人到延安参观访问，这些人当中难免会有一些危险分子。为了毛主席的安全，每次主席出行时，都有一个同志站在主席的车后担任警戒，以防万一。站在车后担任警戒，要比坐在车里辛苦得多。夏天，车后尘土飞扬，呛得人喘不过气来；冬天，车后寒风凛冽，冻得人手脚发麻。

张思德到内卫班后，每逢毛主席外出，汽车刚一发动，他就站到车后警戒位置，几乎每次如此。冬天，天气太冷，大家要换换他，可他却说“我喜欢吹冷风”。1943 年冬天，几场大雪之后，延安的天气非常寒冷。按规定，这时在车后担任警戒的同志可以放下帽耳。可是张思德嫌放下帽耳影响视线，就把帽耳翻起来。结果，他的脸被冻得青一块紫一块的，他却不以为意。内卫班的战士们过意不去，一再要求替换他，他执意不肯，还是那句话：“我喜欢吹冷风。”

1944年，抗日战争进入了第七个年头。为了打破国民党的封锁，彻底打败日本侵略者，延安边区军民的大生产运动搞得更加热火朝天。这年夏天，上级决定内卫班的部分战士到延安北边的安塞去烧木炭，以解决枣园机关的冬季取暖问题。张思德因为曾经有过烧炭的经验，于是领导就指派他带领4名战士一块到安塞县石峡峪村去烧炭。

1944年7月的一天，张思德带领警卫战士背着行李，带着锯子、斧头来到了石峡峪村。第二天，东方刚刚发亮，张思德就带领大家进山选择烧炭地点，开始做烧炭的准备工作。烧炭的地点选好之后，张思德便带领着其他的几位战士开始挖炭窑。

为了加快烧炭进度，张思德决定把战士们分成两组，一组负责挖炭窑，一组砍伐青冈树备料。他说："我们进山后，家里的同志可就忙了。我们要加油干，争取多烧木炭，早日完成任务，向毛主席报喜。"

紧张的劳动开始了。荒无人烟的山林里，响起乒乒乓乓的伐木声和战士们欢乐的歌声。张思德领着两个战士起早贪黑，很快打出了两眼炭窑。大家把青冈树枝、树干背到窑前，张思德就开始装窑，其他同志继续开挖新窑，砍伐青冈树。张思德把两眼窑装满后同时点火，等到木炭烧成压火后，同志们也把新窑挖好了，料备足了。他一个人又去装窑、点火，从早干到晚，一刻也不休息。

烧窑是个技术活儿，火要烧得均匀，压火要恰到好处。为了掌握火候，张思德吃住都在窑边，晚上也要起来几次，爬上窑顶观察烟色，判断火候。当时，没有照明工具，他就在山林里采来一种小灌木，放在窑里烘干，晚上用它来照明。这种小灌木有油性，点燃后火烧得很旺，也不怕风。

当地群众烧一窑木炭，一般要10天左右。为了抢时间多烧几窑，张思德和战士们就在压火后木炭尚未完全冷却时出窑，把烧炭周期缩短为7天。出窑时窑内温度很高，有的木炭上还有火星儿，烤得人脸皮发痛，大汗淋漓。每次出窑，张思德就把双手包上破布，站到窑的最里边拣木炭。在他的带动下，同志们废寝忘食，日夜苦战，一个多月就烧了五万多斤木炭，超额完成了任务。

木炭烧好后，张思德又带领大伙，用杨树条把木炭打成捆，背到石峡峪村。五万多斤炭放在村头，像一座小山。烧炭任务完成后，张思德到安塞打电话给领导汇报了情况，领导指示张思德暂时留下看守木炭，等候马车前来装运，其他同志回枣园执勤。

为了看守木炭，张思德住在村头一位老大娘家里。平时他就给老大娘担水，扫院，有时还上山打几捆柴。后来，他想起山上烧炭的地方还留有一些砍伐下的青冈，便想赶在马车来运炭之前再烧一些木炭。他和大娘商量说："大娘，我整天坐着看木炭，也闷得慌。你和孩子替我照看一下，我进山再烧一些，晚上回来时我给你捎一捆柴火，你也就有烧的了。"老大娘高兴地答应了。这样，张思德每天早晨带着干粮进山，一人伐木，装窑，起火。每天晚上回来，总要给大娘背一捆柴火。老大娘天天都做好晚饭等他回来，晚上又给他准备好第二天进山吃的干粮。

1944 年 9 月 5 日，天还没亮，张思德又进山了。他走时告诉大娘，晚上回来给她背一些碎木炭，以备冬天取暖。可是到了晚上，大娘把晚饭先后热了三次，还不见张思德回来。鸡叫了头遍，也没见张思德的影子。大娘心里不安，就去找村长。村长放心不下，急忙带人进山去找张思德。

当村长他们来到张思德烧炭的地方，看见窑前整齐地堆放着木炭，可炭窑已经坍塌了，大家赶紧用手拼命挖开沙土，希望能把张思德救出来。可是当他们扒开焦土时，张思德的心脏早已经停止跳动了。

1944 年 9 月 8 日，张思德的追悼会在枣园后沟的西山脚下召开。临时搭建起的灵堂上挂着挽悼。在里面的黑幕前安置着烈士灵位，灵位前放着毛主席和中共中央办公厅、中央社会部、西北公学、中央警卫团团部以及各营连送的花圈。台前两边挂着挽联，中悬毛主席亲笔挽词"向为人民利益而牺牲的张思德同志致敬"。台下肃立着 1000 多名军容整齐的八路军官兵。毛主席亲自参加了追悼会。在会上毛主席发表了《为人民服务》的重要讲话，对他全心全意为人民服务的高尚品德作了高度的评价，说他是"为人民利益而死的，他的死是比泰山还重的"。

我们的共产党和共产党所领导的八路军、新四军，是革命的队伍。我们这个队伍完全是为着解放人民的，是彻底地为人民的利益工作的。张思德同志就是我们这个队伍中的一个同志。

人总是要死的，但死的意义有不同。司马迁说过："人固有一死，或重于泰山，或轻于鸿毛。"为人民利益而死，就比泰山还重；替法西斯卖力，替剥削人民和压迫人民的人去死，就比鸿毛还轻。张思德同志是为人民利益而死的，他的死是比泰山还要重的。

百姓爱戴的晏婴

周敬王二十年（公元前500年），晏婴病逝。孔丘曾赞曰："救民百姓而不夸，行补三君而不有，晏子果君子也!"（现存晏婴墓在山东淄博齐都镇永顺村东南约350米）晏婴出生年月不详，死于公元前500年。

晏婴，春秋时齐国夷维（今山东省高密市）人，后人称其为晏子。是春秋后期一位重要的政治家、思想家、外交家。以有政治远见和外交才能，生活节俭，谦恭下士而著称。他爱国忧民，敢于直谏，在诸侯和百姓中享有极高的声誉。晏婴善于辞令，主张以礼治国，曾力谏齐景公轻赋省刑。历仕灵公、庄公、景公三世，辅政长达四十余年。

晏婴的父亲是齐国的大夫晏弱，齐灵公二十六年（公元前556年）晏弱病死，晏婴继任为上大夫。当时的齐国早已不是管仲为相时的齐桓公时代，中原霸主的地位早已易位，国势也日渐衰微。偏偏这齐灵公又昏庸怪僻，懦弱无能，还穷兵黩武，屡犯鲁境，弄得国弱兵疲，百姓怨声载道。尽管晏婴屡进忠言，却很少被齐灵公采纳。

周灵王十七年（公元前555年）十月，晋国率领诸侯的军队攻打齐国。齐灵公率兵在平阴（齐地，今山东平阴县东北）抵抗，结果兵败逃亡，第二年就死了。

齐灵公死后，齐庄公继位。

齐庄公，崇尚武力，却不注重仁义道德。他在国内设置了"勇士"爵位，还重用殖绰、郭最等勇士，用以鼓励国民崇尚武力。因此，在这一时期，一些靠打架和力气吃饭的流氓无赖、地痞恶霸在朝廷内外肆无忌惮，为所欲为，弄得家家关门，人人自危。身为相国的晏婴眼看着齐国风气日下，朝野上下怨声载道，心急如焚。于是便劝说齐庄公不靠武力来建立威望，要以德服人。然而齐庄公就是听不进去。经过几次的劝说后，晏婴十分担忧，因为他发现齐庄公不是一个从谏如流的人。

其实，齐庄公即位后首先考虑的，就是怎样对外用兵，建立武功，以提高自己的威望，巩固自己的地位。因此，他对晏婴的劝导，不但不听，反而因为晏婴总是反对他的做法，而开始讨厌晏婴。

周灵王二十年（公元前552年），齐庄公不听晏婴劝阻，执意收留了晋国的下卿栾盈，还暗中将栾盈及其党徒送入曲沃（河南陕县南曲沃镇）组织叛乱，并乘机攻打晋国。其后不久，又置晏婴的劝阻于不顾，仍然一意孤行，派兵攻打晋国，终于激怒了晋国。晏婴见齐庄公如此，感到非常无奈，只好将家中贵重物品上充国库，其余尽散周围百姓，携带妻儿老小到东海之滨的一个小村，一边打渔和耕田以维持生活，一边密切关注着事态的变化。

周灵王二十四年（公元前548年）五月，晋国联合众诸侯准备讨伐齐国，当时齐国朝野上下人人惊慌失措，恐惧不已。正巧在这时，齐庄公和大贵族崔杼的夫人棠姜私通的事，被崔杼知道了。于是，崔杼决定乘机杀死庄公以向晋国求和。

这天，齐庄公大摆酒席，招待前来进贡的莒国国君黎比公，叫大臣们前来作陪。崔杼称病未去；齐庄公不但未加责怪，反而暗暗高兴又能去会见棠姜了。等到宴会结束，大家都走了的时候，齐庄公以探病为由去崔杼家与棠姜私会。齐庄公刚到崔杼家就立即被预先埋伏在崔杼家中的勇士杀死了。

身在海滨的晏婴听说齐庄公被崔杼所杀，不顾个人安危，毅然带着随从前往齐都去吊唁庄公。

晏婴来到崔杼家门前，他身边的下人担心地问他："您将为大王而死吗?"晏婴说："难道他是我一个人的大王？就我应该为他而死?"

手下人又说："那么我们何不逃跑呢?"

晏婴说："难道大王的死是我的罪过？我要逃跑?"

"那么我们还是回去吧?"

晏婴说："君王都死了，我能回到哪里去呢？君王作为万民之主，不能利用自己的地位来高高凌驾于百姓之上，而应该主持国政。作为君王的臣下，不该只是为了获取俸禄而成为他的臣子，而是应当保家卫国。如果，君王是为国家而死，那么作为臣子的就应该为他而死；君王为国家而逃亡，臣子就应该跟他逃亡。如果君王只是为自己的私欲而死，为个人的事情而逃亡，不是他宠爱的人，谁敢承担责任，为他而死，为他而逃亡呢？可是我现在又能回到哪里去呢？”说完这些话后，晏婴径自闯进崔家，脱掉帽子，捶胸顿足，不顾一切地扑在齐庄公的尸体上，号啕大哭了一场，然后起身离去。崔杼身边的人想要杀掉晏婴，崔杼对晏婴也早已恨之入骨，但是崔杼知道百姓都很爱戴晏婴，要是自己杀死了晏婴的话，会引来很多麻烦，于是他便对身边的人说：“他是百姓所仰望的人，杀了他，我就会失去民心。”

崔杼杀死齐庄公后，便和齐国当时的另一个大贵族庆封一起，立齐庄公的异母兄弟杵臼为国君，这就是齐景公。为了巩固权势，树立威信，崔杼把满朝文武大臣都驱赶到太公庙上，派上千名兵马内外把守，逼迫大家宣誓忠于并服从他，如果有所违抗，他就立即将其杀死。轮到晏婴之时，大家屏住呼吸，目不转睛地注视着晏婴。在此之前已经有七个人被杀了，当时太庙的气氛非常紧张。只见晏婴从容地端起滴过血的酒杯，义愤填膺地对天悲叹道：“可恨！崔杼不讲道义，竟然弑杀君王。如果谁跟从了崔杼，为虎作伥、助纣为虐均不得好死！”说罢，便将酒一饮而尽，怒目而向崔杼等人。崔杼恼羞成怒，恶狠狠地用剑顶着晏婴的胸膛，要他重新发誓。晏婴毫不畏惧，厉声回答：“不管你是用刀砍头，还是用剑穿胸，我晏婴绝不屈服！”崔杼怒火中烧，恨不得立刻就将晏婴杀死。在他刚要动手的时候，他身边的一个心腹悄悄地对他说：“千万使不得！您杀庄公，是因为他无道，国人反应不大，您如果杀了晏婴，那可就麻烦了。”崔杼无可奈何，眼睁睁地看着晏婴拂袖而去。

晏婴登上马车，车夫立刻快马加鞭，赶紧离开是非之地，以防不测。晏婴若无其事，从容不迫地对车夫说：“安稳一点，不要失态。快了不一定就有活路，慢了也不见得就会死。鹿生长在山上，可是它的生命却掌握在厨师那里。如今，我也像鹿一样。”晏婴一路平安到家，最终也没遭到什么迫害。

齐景公即位之初并未重用晏婴，只是让他去治理东阿（山东阿城镇）。晏婴一去就是三年，这期间齐景公陆续听到了许多关于晏婴的坏话，因此很不高兴，便把晏婴召来责问，并要罢他的官。晏婴赶忙谢罪："我已经知道自己的过错了，请您再给我一次机会吧，让我重新治理东阿，三年后我保证您听到的都是赞赏我的话。"齐景公勉强同意了晏婴的要求。

在其后的三年里，齐景公果然听到许多称赞晏婴的话。齐景公非常高兴，于是召见晏婴，准备好好地奖赏他。谁知晏婴却推辞不接受齐景公的奖赏，齐景公感到很奇怪，便问晏婴为什么不接受作为君王的自己的赏赐。晏婴便把两次治理东阿的真相说了出来。

他说："头三年我治理东阿，尽心竭力，秉公办事，得罪了许多人。我修桥筑路，努力为百姓多做好事，结果遭到了那些平日里欺压百姓的富绅们的反对；我判罚断案，不畏豪强，依法办事，又遭到了豪强劣绅的反对；我表彰和荐举那些节俭、勤劳、孝敬师长和友爱兄弟的人，而惩罚那些懒惰的人，那些游手好闲之徒自然对我恨之入骨；我处理外交事宜，迎来送往的，一定循章办事，即使是朝廷派来的有权势的大官，我也绝不违章办事、违礼逢迎，于是又遭到了许多贵族的反对；甚至我身边的人向我提出不合法的要求，也会遭到我的拒绝，这自然也会引起他们的不满。这样一来，这些反对我的人一齐散布我的谣言，大王听后自然对我不满意。而后三年，我的做法刚好和前三年完全相反，那些原来说我坏话的人，自然开始夸奖我了。我以为，前三年治理东阿，大王本应奖励我，可是您却要惩罚我；后三年大王本应惩罚我，结果却要奖励我，所以，我实在不敢接受。"

齐景公听了晏婴的话后，觉得很惭愧，后悔自己听信了谗言，错怪了晏婴。至此，齐景公才真正明白晏婴的确是个贤才，于是便对晏婴委以重任，让他辅佐自己治理齐国。

有了晏婴的大力辅佐后，齐景公也就有了建立一个更加强大的齐国的决心。可是，齐景公像齐庄公一样，希望通过豢养一批勇士的办法来建立自己的武力。当时齐国有三个勇士：一个叫田开疆，一个叫公孙捷，一个叫古冶子，号称"齐国三杰"。这三个人勇猛无比，深受齐景公的宠爱，而他们恃宠而骄，为所欲为。这时齐国田氏的势力越来越大，曾经联合国内几家大贵族，打败了掌握实权的栾氏和高氏。田氏家族势力的提高，直接威胁着国君的统治。而田开疆正属于田氏一族，晏婴很担心“三杰”为田氏效力，危害国家，便劝齐景公除掉这三个不尊重君王，在朝内不能治理国家，在外无法带兵打仗的勇士。

齐景公和齐庄公的最大不同是，他能够认识到自己的错误，而且能够听进良言。此时，他也发现这三个人的确不是治理国家的人，但是想要除掉这几个人似乎不是那么容易的事情。他对晏婴说：“搏之恐不得，制之恐不中。”意思是说，这三个人实在是太强大了，恐怕没有人能够制得住他们。晏婴觉得齐景公的顾虑很有道理，于是决定智杀这三个勇士……

一天，鲁昭公访问齐国，齐景公设宴款待。鲁国由叔孙诺执礼仪，齐国由晏婴执礼仪，君臣四人坐在堂上，“三杰”佩剑立于堂下，态度十分傲慢。晏婴心生一计，觉得除掉这三个勇士的机会来了。当两位君主酒至半酣时，晏婴说：“园中金桃已经熟了，摘几颗请二位大王尝尝鲜吧？”齐景公很高兴，便下令派人去摘。晏婴忙说：“金桃很难得，还是我亲自去吧。”

不一会儿，晏婴领着园吏，端着玉盘献上六颗桃子。众人一见，只见盘子里放着的六个桃子，个个硕大新鲜，桃红似火，香气扑鼻，令人垂涎。齐景公问：“就结这几颗吗？”晏婴说：“还有几个没太熟，只摘了这六颗。”说完恭恭敬敬地将金桃献给鲁昭公和齐景公，只见两位君主一人一颗金桃。鲁昭公边吃边夸奖桃味甘美。齐景公说：“这桃子实在难得，叔孙大夫天下闻名，当吃一个。”叔孙诺谦让道：“我哪里赶得上晏相国呢？相国内修国政，外服诸侯，功劳最大，这个桃应该他吃。”齐景公见二人争执不下，便说：“既然二位谦让，那就每人各饮一杯酒，吃一颗桃吧！”两位大臣谢过齐景公，把桃吃了。

这时，盘中还剩有两个桃子。晏婴说道：“请大王传令群臣，谁的功劳大，谁就吃桃，如何？”齐景公自然明白晏婴的意图——三个勇士，只有两颗桃，故意少了一颗，他们三个又是高傲自负的，不肯服输的人，想必会因为争功劳而自相残杀。于是齐景公传令说谁能说出自己的功劳大，就可以喝一杯酒，吃一颗桃。

公孙捷第一个走了过来，拍着胸膛说：“有一次我陪大王打猎，突然从林中蹿出一头猛虎，是我冲上去，用尽力气将虎打死，救了国君。这么大的功劳，还不应该吃个金桃吗?”

晏婴说：“冒死救主，功比泰山，可赐酒一杯，桃一个。”

公孙捷得意得喝着酒，吃着桃。

古冶子见此情景，厉声喝道：“打死一只老虎有什么稀奇！当年我送大王过黄河时，一只大鼋兴风作浪，咬住了大王的马腿，一下子把马拖到急流中去了。是我跳进汹涌的河中，舍命杀死了大鼋，保住了大王的性命。像这样的功劳，该不该吃个桃子?”

齐景公说：“当时黄河波涛汹涌，要不是将军斩鼋除怪，我的命早就没了。这是盖世奇功，当然该吃桃。”晏婴忙把剩下的一个桃子送给了古冶子。

一旁的田开疆眼看桃子分完了，急得大喊大叫：“当年我奉命讨伐徐国，出生入死，杀死了他们的名将，俘虏了五千多徐兵，吓得徐国国君俯首称臣，就连邻近的郯国和莒国也望风归附。这样的大功，难道就不能吃个桃子吗?”

晏婴忙说：“田将军的功劳高出公孙捷和古冶子二位，然而桃子已经没有了，只好等树上的金桃熟了，再请您尝了。先喝酒吧。”

田开疆手按剑把，气呼呼地说：“打虎、杀鼋有什么了不起。我南征北战，出生入死，反而吃不到桃子，我今天在两位大王面前受到了这样的羞辱，将来我还有什么面目站在朝廷之上呢?”说完，抽出佩戴在身上的剑，自刎了。

公孙捷见田开疆死了之后，觉得自己功小却吃了桃，没有脸面活在世上，也拔剑自杀了。而古冶子见两位结拜兄弟都死了，觉得自己也没有什么理由再活着，也拔剑自刎了。

鲁昭公目睹此景，无限惋惜，半天才站起身来说道：“我听说这三位将军都有万夫不当之勇，可惜为了一个桃子都死了。”齐景公长叹了一声，沉默不语。这时，晏婴不慌不忙地说：“他们都是有勇无谋的匹夫。我们齐国还有数十位智勇双全、足当将相之任的人才。像他们这样的武夫莽汉，真是数不胜数呢。少几个这样的人也没什么了不起，各位不必介意，请继续饮酒吧!”后来晏婴为齐景公推荐了一位文武双全的大将——田穰苴（即司马穰苴)。

有一次齐景公问晏婴，如何才能使齐国的国力恢复到齐桓公时那样国富民强。

晏婴听后沉吟片刻，说道："我陪大王微服察访一下民情，回来后再商议振兴齐国的大计，您看怎么样?"

齐景公见晏婴难得会提出这样的建议，高兴地同意了。齐景公和晏婴君臣二人来到京都临淄的一个闹市，走近了一家鞋店。鞋店摆放着各种各样的鞋子，可是无人问津，生意清冷，而另一家店，不少人都在买假脚。齐景公有些不解，便向店主打听为何会这样，店主神色凄然地说："当今大王滥施酷刑，很多人被砍去了脚，不买假脚如何生产和生活呢?"

齐景公听完心里很不是滋味，闷闷不乐地回宫去了。晏婴知道向齐景公进言的机会来了，于是便对齐景公说："先君桓公（齐桓公）之所以建树了丰功伟业，是因为他体恤、爱惜百姓，他不会为了满足自己的私欲而多征赋税，不会因为想要修建自己的宫室而奴役百姓。在选用人才方面也是唯贤是举，因此国风清正，君臣同心合力，才取得了雄视天下的地位。如今大王亲小人，远贤良，百姓……"

没等晏婴讲完，齐景公便打断了他的话："相国不必说了，寡人已经明白了。寡人也要效法先君，光大宗祠社稷。"

平时晏婴总是不忘提醒齐景公不要过分压榨百姓，不要重用那些无德无才的人。

有一年，齐国闹饥荒，晏婴请求齐景公打开国家粮仓赈济百姓。齐景公不同意，但他很想盖一个高台，供游览之用。晏婴便命令管这个工程的官吏提高筑高台的人的工资，让百姓到远的地方去取土，慢慢地施工，从不去催逼。三年以后，高台筑成，百姓也渡过了难关。结局是，国君有地方玩，百姓也有饭吃。

齐景公虽然有重建齐国雄风的雄心壮志，可是他却十分好色贪杯，有时候甚至沉迷于享乐而不理国政。一次，齐景公抱着美女饮酒七天七夜还不停杯。弦章进谏："您饮酒七天七夜了，我请求您停止。不然，请您把我杀了。"这时，晏婴入见。齐景公说："弦章这个小子竟然这样阻止我饮酒作乐。如果我听从他的，不是臣子反过来管我了吗？如果把他杀死了，我又舍不得。"晏婴回答："弦章有幸遇到明君！如果他碰到殷纣那样的昏君，早就死了。”齐景公闻言便立即停止了饮酒。

一次，齐景公一匹心爱的马突然死了，齐景公大怒，就下令把养马的人抓来肢解。当时，武士正想动手，站在齐景公身旁的晏婴连忙说：“杀人总得有个方法，请问尧舜肢解人的时候，从身体的什么部分开始？”

尧舜是传说中的仁君，不会因为一匹马而杀人，自然也没有杀人肢解之法，齐景公知道晏婴的意思，就说：“那就不肢解罢，把他交给狱官处死算了。”

晏婴又对齐景公说：“这个人的确该死，但是他还不知道自己犯了什么罪，请让我说说他的罪状，让他知道，然后死个明白，您说好吗？”

齐景公说：“好啊，那你就说吧！”晏婴就开始数说他的罪状：“你犯了三条大罪：大王让你养马你却把马养死，这是一大死罪；让你养死的马又是大王最喜爱的，这是二大死罪；因为你养死了马而使大王杀人，百姓听说之后一定会怨他，诸侯听说之后一定轻视我齐国。你将大王的马养死了，使百姓生出怨恨，使邻国轻视我们，这是第三大死罪。今天把你送到监狱，你知罪吗？”

齐景公喟然而叹说：“请您把他放了吧！放了吧！不要伤了我的仁爱之名。”

晏婴在辅助齐国国君的时候都是尽心尽力，一心为齐国和齐国的百姓着想，因此得到了齐国国民的爱戴。而晏婴出使他国的时候，更是显示了他的智慧和勇敢，使得其他的诸侯国对齐国不敢小觑。

晏婴虽然德高望重，可是身材不高，其貌不扬。有一次晏婴出使楚国。楚王知道晏婴身材矮小，为了羞辱他，便在城门的旁边开一个小洞请晏婴进去。晏婴不进去，说：“出使到狗国的人从狗洞进去，今天我出使到楚国来，不应该从这个洞进去。”迎接宾客的人听他这么一说，赶快带他从大门进去。

到了楚王的朝廷后，晏婴拜见楚王。楚王说：“齐国没有人可派吗？竟派您做使臣。”目的仍是让晏婴难堪。

晏婴很镇静地回答楚王说：“齐国的都城临淄有七千五百户人家，人们一起张开袖子，天就阴暗下来；一起挥洒汗水，就会汇成大雨；街上行人肩膀靠着肩膀，脚尖碰脚后跟，怎么能说没有人才呢？”

楚王说："既然这样，那么为什么会派你当使臣呢?"

晏婴回答说："齐国派遣使臣，要根据不同的对象，贤能的人被派遣出使到贤能的国王那里去，不肖的人被派遣出使到不肖的国王那里去。我晏婴是最不肖的人，所以只好出使到楚国来了。"

楚王看到还是没有羞辱到晏婴，反而被他抢白了去，心里十分不快。不过他早已准备好了，准备在宴请晏婴的宴会上再羞辱他。

宴会时，楚王赏赐晏婴喝酒。当酒喝到尽兴的时候，楚国的两个士兵绑着一个人来见楚王。楚王说："绑着的人是干什么的?"

差吏回答说："是齐国人，犯了偷盗的罪。"

楚王看着晏婴说："齐国人都爱偷盗吗?"

晏婴离开座位郑重地回答说："我听说，橘子树长在淮河以南结出的果实就是柑橘，长在淮河以北结出的果实就是酸枳，（橘和枳）仅仅叶子相似，它们的果实味道却不同。这是什么原因呢? 是水土不同。现在百姓生活在齐国不偷盗，来到楚国就偷盗，莫不是楚国的水土使人喜欢偷盗?"

楚王听了苦笑着说："圣人是开不得玩笑的，我自讨没趣了。"

还有一次，晏婴奉命出使晋国。晋国的大夫叔向见晏婴的装束很寒酸，感到颇为不解，在酒席宴上委婉地问道："请问先生，节俭与吝啬有什么区别?"

晏婴明白叔向的用意，也不动怒，认真地答道："节俭是君子的品德，吝啬是小人的恶行。衡量财物的多寡，有计划地加以使用，富贵时不过分地加以囤积，贫困时不向人借贷，不放纵私欲、奢侈浪费，时刻念及百姓之疾苦，这就是节俭。如果积财自享而不想到赈济百姓，即使一掷千金，也是吝啬。"

叔向听后对晏婴肃然起敬，不敢再以貌取人，小视晏婴了。

第三章 以崇尚科学为荣 以愚昧无知为耻

杭州沈济之，以教私塾为业，家中贫困，因而总盼着发财。一天夜里他梦见一个头戴金冠蓄着长髯的神人对他说在他的后院中埋着金子，可以去挖，标记是地面上有条草绳、绳上拴着一枚康熙元宝。第二天沈济之去后院果然看到一条草绳上系着一枚铜钱，他非常高兴就在那挖宝，可是在那挖了一丈多深什么也没有，沈济之一气之下发了疯癫。

沈济之因一个梦就发了疯癫，他只是众多迷信的人中的其中一员，可谓是因迷信而付出惨重代价的典型。可以说迷信体现的是一种无知、愚昧，是一种对自然力量和社会力量的畏惧和屈服。迷信使人变得愚蠢，使人们的思想麻痹，它能瓦解人们的斗志，破坏我们的凝聚力。更重要的是迷信的思想，阻碍了社会的发展和进步。因此，每个青少年都要用科学来武装自己。

科学和迷信是对立的。科学是人类对于自然规律和社会发展规律的认识与把握，是推动人类历史进步和发展的主要动力。科学使人变得聪明，它能增强人们改造自然、改造社会的信心和勇气。崇尚科学，就必须破除迷信。在社会主义的建设中，移风易俗，破除迷信，是当务之急。

“可持续发展”的先决先行者竺可桢

竺可桢，字藕舫。1890 年 3 月 7 日出生在浙江上虞。是我国著名的科学家和爱国教育家，当代著名的科学家、地理学家和气象学家，中国近代地理学和气象学的奠基人。他对中国气候的形成、特点、区划和变迁以及地理学和自然科学史都有深刻的研究。他始终从科学的视角，关注着中国的人口、资源、环境问题，是“可持续发展”的先觉先行者。

1910 年，竺可桢公费留美，进入伊利斯诺大学农学院学习，1913 年夏毕业后转入哈佛大学研究院地理系专攻气象，1918 年以题为《远东台风的新分类》的论文获得博士学位。学成后，竺可桢回到了祖国。当时，同竺可桢一起赴美留学的 70 名公费生，大部分学生回国后，要么经商，要么投奔军阀，只有竺可桢等少数人坚持“科学救国”的艰难道路。

1920 年秋，竺可桢应聘南京高等师范学校。在竺可桢的主持下，学校建立了地学系，下设地理、气象、地质、矿物四个专业。后来他又先后在几个不同的大学执教，培养了我国第一批气象学和地理学研究及教育人才。

1927 年北伐胜利，政府筹建中央研究院，下设观象台筹备委员会，分设天文、气象两个研究所，担任中国气象学会副会长的竺可桢，又被任命为气象研究所所长。这时的气象研究所，既是全国的气象学术研究单位，又是领导全国气象事业建设的国家机构。竺可桢克服了重重困难，努力发展我国气象事业，他首先领导了中国气象台站网的建设，提出了《全国设立气象测候所计划书》，计划在 10 年的时间内，全国建立气台 10 处，测候处 150 处，雨量测候所 1000 处。在气象所成立的当年，就首先建成了南京北极阁气象台，这是我国近代气象科学事业的发祥地，也是当时中国气象科学研究中心和业务指导中心。在此期间，还开展了天气预报业务，拟订了《气象观测实施规程》，统一了观测时制、电码型式、风力等级标准、天气现象的编码等，开展了气象资料整编的出版业务。先后出版了《中国之雨量》《中国之温度》《中国气候资料》以及《气象月报》《气象季刊》《气象年报》等。1934 年他发起成立了中国地理学会。

1936 年，竺可桢出任浙江大学校长。在浙大期间他常对学生说："科学精神是什么？科学精神就是'只问是非，不计利害'。这就是说只求真理，不管个人的利害。有了这种科学的精神，然后才能够有科学的存在。"

当时时局动荡，学校内有各种政治力量。竺可桢坚持学术独立、教育独立，总是力排政治干扰，维护学术和教育的尊严，在那段艰难的岁月里，竺可桢为浙大营造了相对安定的学术、教育氛围。在其就任校长时，他曾提出约法三章，第二条就是"用人校长有全权，不受政党之干涉"。

他告诫学生必须有"明辨是非、静观得失、缜密思虑、不肯盲从"的习惯，反对学生参加任何党派之争，也不主张政治派别在学校活动。他对左派学生组织的"学潮"十分反感，多次公开表示反对，认为学生的首要任务是读书。不过，有一次，浙大的学生不顾学校阻拦，冲上街头游行。面对军警们荷枪实弹，竺可桢举起小旗，走在游行队伍的最前列。虽然他不赞成学生的行为，但是他说："既然年轻人上了街，我就要保护他们的安全。"一旦浙大有学生被捕，他总是极力营救，一定要到狱中看望他们；如果学生受审，他也一定要到庭旁听。竺可桢就是用自己的行动得到了浙大师生的尊敬。

1949 年 4 月杭州解放前夕，竺可桢领导浙大师生积极准备迎接解放。同时他还电告国民党政府，坚决拒绝迁往台湾，继而辞去了浙大的所有职务，一个人隐居上海，闭户谢客，迎接解放。

新中国成立后，竺可桢被任命为中国科学院副院长，同时兼任中国科学院生物学地学部主任、综合考察委员会主任、中国地理学会理事长、中国气象学会名誉理事长、全国科学技术协会副主席等职务。还被选为历届人民代表大会代表、人大常委会委员。

竺可桢是我国现代物候观测网的倡导者和组织者。早在 1931 年的《论新月令》一文里，竺可桢在总结了我国古代物候方面的成就后，倡议应用新方法开展物候观测。在他的推动下，从 1934 年起，前中央研究院气象研究所便选定了 21 种植物、9 种动物、几种水文气象现象和几乎全部农作物进行物候观测，他还委托各地的农事试验场进行观测，这是我国最早的有组织的物候观测。如今我国还保留着1934～1940年的物候观察记录，其中1934～1936年的记录比较完整，其后因为抗战，许多地方停测，记录不全。解放后，在竺可桢的主持下，比较正规和连续的观测开始了：1953年开始冬小麦的物候观测工作，继而又进行了棉花、水稻的物候观测。从1957年开始农作物物候的观测工作并在全国推广。1961年，在竺可桢的指导下，由中国科学院地理研究所主持建立了全国物候观测网，制定了物候观测方法（草案），确定国内共同物候观测种类：木本植物33种、草本植物2种、动物11种。然而，1966～1971年中，多数单位又中断了观测，直至1972年才得以恢复。

1956年，竺可桢领导创建了中国科学院综合考察委员会，并一直兼任主任职务。他多次指出：要合理开发自然资源，发展国民经济，必须进行大规模的综合考察工作。综合考察应为国家和地方编制国民经济计划提供科学依据。其任务首先是调查自然条件和自然资源的基本特征与数量、质量，并在此基础上提出自然资源开发利用与治理保护的科学方案。早在解放初期，他就急国家之所急，积极投身于海南岛、雷州半岛和广西南部以发展橡胶为目的的地理调查研究工作。1951年又组织筹建了西藏工作队。为治理黄河，他主持组织了黄河中游水土保持综合考察队。此后，中科院专门成立了综合考察委员会，组织开展了四项重大考察任务——西藏高原和康滇横断山区研究；新疆、青海、甘肃、内蒙古地区的考察研究；热带地区特种生物资源的研究；主要河流水利资源的考察研究。在他的支持下，仅1956～1957年两年间，就先后建立了6个综合考察队。它们是：黑龙江综合考察队，新疆综合考察队，华南与云南热带生物资源综合考察队，长江、黄河流域土壤调查队，柴达木盐湖科学考察队等。此外，还组织了治沙考察队，南水北调考察队等。

在竺可桢的倡导下，我国先后设置了六个治沙综合试验站。他三次深入沙漠考察，沿包兰铁路，到内蒙古、宁夏、甘肃三省区视察，几乎跑遍了内蒙古、河西走廊和新疆的沙漠。经过考察后，竺可桢指出，起沙的人为因素是不合理的砍伐森林，破坏植被和草地，过度开垦、放牧和打柴。治沙，首先要做的就是保护现有草皮和林带。他说："干旱地区的雨量虽然少，但是要造林种草是完全可能的，有的地方还有丰富的地下水可以利用。”沙坡头试验站是在竺可桢的倡导下建立的，3 年内引种成功 12 种植物，固定了腾格里沙漠边缘的一座 7 公里长的沙丘。

1963 年，竺可桢上半年到云南西双版纳、思茅热带地区进行了考察，下半年又去宁夏中卫沙坡头、营盘水等地视察治沙工作。

1965 年 8 月，竺可桢放弃到北戴河海滨休养的机会，到甘肃河西走廊考察农业区划工作，并进行大黑河荒地资源的调查工作。12 日，他在途中看见居民滥伐红柳，感到很痛心，与同行人员说，这是造成戈壁的重要因素：割去红柳，沙被吹来，便成了戈壁。当天他就向甘肃省科委提出严禁砍伐红柳的建议。

竺可桢领导了黄河中游地区、黑龙江、新疆、云南热带生物资源，华南热带生物资源，土壤、盐湖、青海甘肃地区治沙，西部地区南水北调等 10 个考察队，考察地区占全国面积 60% 以上，所得资料填补了我国许多方面的空白。他的足迹遍及除西藏与台湾之外的全国各省区。

竺可桢强调，对待自然资源的开发利用，必须抱整体观点、全局观点，要认识自然界的统一性，注意生态平衡，使自然资源能按照其本身的特点与国家整体的需要，得到最合理、最充分的利用，否则将引起自然条件的退化。如对于东北和内蒙古草原的开发，竺可桢认为，草地只能作为畜牧区，决不能大面积开垦。否则，肥沃的土壤就要被吹蚀，导致土壤肥力的退化，甚至变为沙荒。他的这些意见，经实践证明是正确的。

竺可桢在气象气候学研究中的成就，引起了国内外学术界的高度重视。他早年就从事台风和东亚季风的研究，在气候变迁领域的研究中，更有着卓越的贡献。他持之以恒，锲而不舍，数十年如一日，研究了大量经、史、子、集以及中外文献，研究中国和世界历史时期的气候变迁。在他撰写的《历史时代世界气候的波动》（1961 年），他依据北冰洋海冰衰减、前苏联冻土带南界北移、世界高山冰川后退、海面上升等有关文献资料记述的地理现象，证明了 20 世纪气候逐步转暖，并由此追溯了历史时期和第四纪世界气候、各国水旱寒暖转变波动的历程，发现 17 世纪后半期长江下游的寒冷时期与西欧的“小冰期”相一致。最后指出：太阳辐射强度的变化，可能是引起气候波动的一个重要原因。

“文革”期间，竺可桢虽然没有受到正面的批判斗争，但是他将自己的生活待遇一降再降。到了“文化大革命”后期，身患肺气肿的竺可桢的生活已经非常艰难了。他经常要去一里外的粮店买 15 斤大米，路上要歇上好几次。除了要照顾自己的生活外，竺可桢尽量小心谨慎地应付着一批批外调人员，用他独特的方式保护着他当年的学生、教授和朋友。

1974 年 2 月 7 日竺可桢因肺病在北京逝世。

竺可桢以他独特的人格赢得了一代又一代人的尊敬。在他过世之后，中国科学院和浙江大学都设立和他有关的奖学金，竖起他的铜像，浙江省更是建立了多个纪念馆来纪念他。中国人民邮政也发行了包括竺可桢在内的当代中国科学家纪念邮票。

东亚醒狮叶渚沛

叶渚沛，我国著名的冶金学家。

叶渚沛，生于菲律宾马尼拉市，祖籍福建厦门。叶渚沛的父亲叶镇锥是一位老同盟会员，经常抛家舍业，追随孙中山先生四处奔波，为革命讲演、募捐，筹措经费，有时还抽调自家布店的资金支援革命，以致使布店倒闭。孙中山先生曾经亲自写一块匾额，赠送给叶镇锥，并将他的名字改称“叶独醒”，意思是“众人皆醉，唯我独醒，”来表彰他为革命作过的贡献。

为了使出生在国外的子女不忘记自己是炎黄子孙，叶镇锥经常让他们轮流回家乡——福建厦门度暑假。叶渚沛 8 岁的时候，随父亲回家乡探亲。当时叶渚沛问父亲，他们为何要生活在国外？父亲告诉他说，因为祖国遭受帝国主义的侵略，许多人无法在家乡生活下去，才要到菲律宾去谋生。并且告诉他中国之所以无法和帝国主义抗争，是因为我国在很多方面落后，没有炼钢厂，不会近代冶炼技术。从此叶渚沛努力学习，立志长大后一定要学会最好的炼钢技术，为祖国制造最厉害的大炮，将帝国主义赶出中国的大地。

1921年叶渚沛考进了美国宾夕法尼亚大学，并在那学习矿冶专业。此时，叶渚沛的家庭经济状况日益恶化，为了继续学习，他采取了半工半读的方式。后来，他在老师的帮助下，在学校实验室当了一名实验助手，生活稍微得以改善。但叶渚沛并没有让自己松懈下来，相反的，他还学习化学、地质等学科，不断地扩大自己的知识库。他的这股拼劲，赢得教授们的赞许，教授们称他为“东亚醒狮”。

大学毕业后，叶渚沛先后在美国的几个著名科研机关和工厂工作了8年，努力让自己成为富有实际经验的冶金专家。

1933年，叶渚沛回到了祖国，国民党政府委任他为“国联设计委员会”（后改为资源委员会）的化学专员，同时还授予他一张少将军衔的委任状。叶渚沛原以为自己终于可以一展抱负，可是国民党当局的种种行为，都让他感到了万分的失望。而中国共产党却在积极抵抗日本侵略者。渐渐地，叶渚沛将民族复兴的希望，寄托在这些与敌寇浴血奋战的中华优秀儿女身上。他用自己的收入，资助奔赴延安的革命青年；他利用自己的住宅，掩护被追捕的共产党员。1938年他还帮助过白求恩大夫去延安，当时，他与白求恩相互致谢，白求恩谢他为自己提供了帮助，而叶渚沛谢白求恩给中国提供帮助。

1941年，在叶渚沛的帮助下，周恩来与英国使馆代办进行了一次秘密会晤。当英国广播电台播出这次会晤的内容之后，国民党的特务开始注意叶渚沛。1944年，叶渚沛借考察工业的机会出国，这才摆脱了险境。

二战后，叶渚沛在联合国担任科教文组织科学组副组长和经济事务部事务官。新中国成立后，叶渚沛不顾一切，毅然辞去联合国的职务，绕道巴黎、日内瓦，直飞香港。1950年初，叶渚沛从香港到了北京。周总理接见了他，并任命他为中华人民共和国重工业部顾问。1955年，中国科学院委派他负责筹建化工冶金研究所，担任所长。

从回国的那天开始，叶渚沛一心想的就是自己的专业——冶金。他一心想用当时国际上最先进的科学技术来改造我国的冶金系统，改变我国钢铁工业落后的面貌。他对高压炉顶、高风温、高温度（简称“三高”）进行了深入的研究，并且从流体力学、传热、传质等基本原理的角度，对“三高”进行了精辟的论证，从而发展了高炉理论。这个理论指出了采用新型的“三高”冶金技术的各项优点：产量高，灵活性大，原料、燃料适应性好，设备容易制造等优点。

1955 年初，叶渚沛正式提出了采用“三高”炼铁的科学建议。它引起了国务院有关领导的重视，立即批给实验经费，并要求有关部门为实验提供必要的物资条件。在冶金部的支持下叶渚沛和化工总冶金所的同志们在石景山钢铁厂建立了一座 17.5 立方米的“三高”实验炉。但是，有人并不支持他的观点，一些所需的实验原料不能得到及时的供给，高炉修整也无法完成，实验时间一再被拖延。直到 1961 年，条件好转后，他们才能进行实验。试验开始三个月后，他们就获得了初步成果。1965 年第二次实验时，他们获得了成功，而当时所出的成果已经是世界的先进水平了。

1956 年，叶渚沛向有关部门提出了采用氧气顶吹炼钢法迅速发展我国冶金工业，但是他的建议当时并没有引起冶金界领导的重视，而被搁置一旁了。见此情景，叶渚沛决定用事实说话，于是 1958 年以后，他带领化工冶金研究所的同志们，建立一台 1.5 吨的小转炉，进行试验，充分显示出氧气顶吹炼钢法的优越性，为发展大型转炉提供了必要的依据，训练了一批技术骨干。国家科委看到这些成果，拿出一部分科研经费，在石景山钢铁厂建立了一台 30 吨氧气顶吹转炉，作生产性实验。

20 世纪 60 年代初期，党中央决定建设西南钢铁基地，开发攀枝花矿。这个矿储量很大，但是矿物结构很特殊。矿石中的主要金属元素有铁、钒和钛，还有微量的钴等，化学成分复杂，所以，这个矿的冶炼和综合利用，是一个复杂的技术问题。作为一个冶金学家，叶渚沛深知自己的责任。他运用多年来理论研究和实验的成果，在 1958 年至 1965 年的 8 年里，写出了 10 余篇研究论文，对攀枝花矿的合理利用，钢铁基地的建设方针等，进行了全面的探讨。并且，从攀枝花矿的具体条件出发，提出了工艺流程和配套采用新技术等一系列建议。不幸的是“文化大革命”开始了，他的建议没有被采用。

为了解决中国的农业问题，1963 年冶金学家叶渚沛主动要求参加全国农业会议。在会上，作了长篇发言，主要是论述生产高浓度磷肥新技术。这项新技术并不是叶渚沛的发明，是他归国前，花了 3000 美元买的“技术专利”。带回国后，根据我国的实际情况进行了一番改进。

在国家科委的支持下，化工冶金所于 1965 年建立一座 0.7 立方米的炉子，开始了我国开始了我国竖炉炼磷的实验。不到半年，就获得了可喜的成果。

“文化大革命”时期，叶渚沛被关进了“牛棚”，每天都要进行繁重的体力劳动。但是相对于体力上的痛苦，精神上的痛苦更是折磨着他。因为他一手创建的、曾为祖国科学事业作出过巨大贡献的化工冶金研究所被全盘否定，改成了一个生产半导体的小工厂，这使他日夜难眠。看着我国冶金业的发展又出现了退化之势，叶渚沛十分难过，为了祖国的冶金事业，1971年3月的一天，叶渚沛毅然给毛主席写了封信。他在信中提到国家科学事业遭到严重的破坏，要求保留化工冶金所的科研性质和给他本人继续为祖国科学事业献身的机会。

可是，几个月之后，他就攥着未完的遗稿与世长辞了。弥留之际，他还不忘提醒亲人，将自己在蹲“牛棚”时写出的论文和建议献给国家，并说这些东西对国家的发展会有用的。

叶渚沛生在国外，长在国外，学在国外，也曾工作在国外，可他却怀着一颗爱国之心，回到了祖国。更凭一个科学家的赤诚，为祖国的冶金工业作出了卓越的贡献。竺可桢曾如此评价叶渚沛——“从不随声附和，往往提出独有的卓越见解，其后为实践所肯定。”

地质学家李四光

李四光是我国著名的地质学家，我国现代地球科学和地质工作奠基人。

1889年10月26日李四光生于湖北省黄冈县一个贫寒人家。1904年，李四光因学习成绩优异被选派到日本留学。1910年，李四光从日本学成回国。武昌起义后，他被委任为湖北军政府理财部参议，后又当选为实业部部长。袁世凯上台后，革命党人受到排挤，李四光再次离开祖国，到英国伯明翰大学学习。1918年，获得硕士学位的李四光决意回国效力。途中，为了解十月革命后的俄国，他还特地取道莫斯科。

从1920年起，李四光担任北京大学地质系教授、系主任，1928年又到南京担任中央研究院地质研究所所长，后当选为中国地质学会会长。他带领学生和研究人员常年奔波野外，跋山涉水，足迹遍布祖国的山川。在研究过程中，他从不盲从他人，而是按照科学的求知方法，按照自然规律，寻找真理。在外国科学家认定中国没有“第四冰川现象”的时候，他不断到处考察，用科学的方法论证了中国有“第四冰川现象”的事实。

在八年抗战期间，李四光和他的研究所受尽奔波辗转之苦。那时，他抽的是用草纸做的烟，穿的是土布衣服，生活十分清苦，但是，他和同事们始终没有放弃地质研究。由于生活的艰辛和工作的劳累，他患了心绞痛和肺结核。

1948年2月初，李四光从上海启程赴伦敦，参加第18届国际地质学会，他的夫人许淑彬也一同前往。会后，他们在英伦三岛上又住了一年，一面养病，一面观察国内外时局的发展。

1949年4月初，郭沫若率团出席世界维护和平大会。出国前，郭沫若根据周恩来的指示，给李四光带了一封信，请他早日回国并担任政协委员。李四光非常激动，积极准备回国。可是由于受第二次世界大战的影响，从英国到远东的客轮船票要一年前预订，于是归期只得拖延。他一面调养身体，一面把科研方面遗留的事情办完。

这时，伦敦的一位朋友打来电话，告诉他国民党政府驻英大使已接到密令，要他公开发表声明拒绝接受政协委员职务，否则就要被扣留。

李四光当机立断，只身离开伦敦来到法国。当时他是从普利茅斯港横渡英伦海峡到法国的。普利茅斯港海面宽阔且多风浪，是偏僻的货运航道，人们通常都不会从这里渡海，因而能避开国民党特工人员的追踪。临行前，他提笔给驻英大使写了一封信，信中他表明自己回国的立场，并且劝其脱离国民党政府，早日回到祖国。写完信后，他将信交给夫人许淑彬，并叮嘱她两天后将信寄出。第二天，国民党驻英大使馆果然派人来找李四光，许淑彬机警地对来人说，李四光外出考察去了。

两星期之后，李夫人许淑彬接到李四光来信，说他已经到了瑞士与德国交界的巴塞尔，李夫人便立即前去与他会和。夫妇二人在巴塞尔买了从意大利开往香港的船票，于1949年12月启程秘密回国。1950年5月6日，李四光终于到了北京，这一年他61岁。

回国后李四光担任了中国科学院副院长、地质部部长和科联主席。

在新中国成立之前，有外国科学家来中国考察，并断言中国没有石油储备，但是李四光用力学的观点研究地壳运动现象，探索地质运动与矿产分布规律，新华夏构造体系的特点，分析了我国的地质条件，说明中国的陆地一定有石油。毛泽东、周恩来在认真听取了汇报后，支持了他的观点，并根据他的建议，在松辽平原、华北平原开始了大规模的石油普查。

1955年，普查队伍开往第一线。在几年里，就找到了几百个可能的储油构造。1958年6月，喜讯传来：规模大、产量高的大庆油田被探明。此后，他们又发现了胜利、大港、华北、江汉等油田。

1958年，李四光经何长工、张劲夫介绍加入了中国共产党，由一个民族民主主义者成为共产主义战士。

1966年河北省邢台发生了一场极大规模的地震，当时许多科学家认为地震是无法预报的，而李四光却斩钉截铁地说，地震是可以预报的。并且他还要求人们“要注意河北河间、沧州；要注意渤海；要注意云南通海；要注意四川炉霍；要注意云南的彝良大关；要注意松潘；要注意唐山……”后来的事实证明了他的科学判断。

李四光一路走来，证明了科学才是真理。关于科学，李四光曾这样说过：“真正的科学精神，是要从正确的批评和自我批评发展出来的。真正的科学成果，是要经得起事实考验的。有了这样双重的保障，我们就可以放心大胆地去做，不会自掘妄自尊大的陷阱。”他还告诉我们“科学尊重事实，不能胡乱编造理由来附会一部学说”。

活字印刷术的发明者毕昇

在纸问世之前，人们只能把文字刻写在各种各样的材料上，如甲骨、竹木、金石、缣帛、纸草等等。自从汉朝蔡伦发明纸以后，书写轻便，经济多了，并产生了现代意义上的书。这些书通过抄写流传，十分费时费力。当时的手抄本十分珍贵，藏家往往秘不示人，因而给文化的传播和交流带来很大的困难。

到了东汉末年的熹平年间（172～178年），出现了摹印和拓印石碑的方法，虽然比手抄快多了，但仍很费工夫；大约在600年前后的隋朝，人们从刻制印章中得到启示，发明了最早的雕版印刷术，即在适宜雕刻的枣木（或梨木）板上刻上要写的文字，成为印版，然后在印版上刷墨覆纸，用力压后印出整版文字来。但刻书版需几年时间，一旦发现错误，就得重刻，不能串版、换字，非常耗时耗力。据史料记载，宋太祖开宝四年（971年），在成都雕版印刷的5048卷《大藏经》，用了12年，共雕版十三万块，仅是存放就占用了许多空间。

为了改进雕版印刷，我国人民进行了坚持不懈的努力，不断加以改进，终于由北宋的平民毕昇发明了活字印刷术。

有关毕昇的记载，只见于北宋大科学家沈括的百科巨著《梦溪笔谈》。他的主要经历、生平事迹已不可考证。文中提到北宋庆历年间有个布衣（即平民）毕昇，发明活板（即活字印刷）。毕昇总结历代雕版印刷的丰富经验，经过反复试验，在宋仁宗庆历年间（1041～1048年）制成了胶泥活字，并实行了排版印刷。这比欧洲活字印刷发明家古腾堡整整早了四百年！

毕昇首先将质地细腻的黏土，制成一个个规模一致的毛坯，毛坯稍晾干后，在一端刻反体单字，字划突起的高度如铜钱边缘厚度。刻成一批后，将泥字放在火中焙烧，成为单个的胶泥活字。之后，在一块铁板上铺上一层用松香、蜡和纸灰混合制成的药剂，并在铁板上放上一个大小符合要求的铁框；根据稿件需要把泥活字排满后，就将铁板移到火上加温，等药剂稍稍熔化时，用一块平板将字面压平，当铁板降温，药剂冷却凝固时，泥活字就都粘在铁板上，成为一块可供印刷的活字板了。

为了连续印刷，就用两块铁板，一块印刷，另一块排字，两块交替使用，加快印刷速度。印完之后，用火把药剂烤化，用手轻轻抖动，活字就可以从铁板上脱落下来。活字不用时，用纸贴上标签，按字的声韵排列，用木格贮存起来，以便再用时检字方便。按每个活字的使用频率，毕昇准备了不同数量的活字，如“之”“也”等常用字，他就准备二十几个，以保证两板排版使用的需要。而一些不常用的事先未准备的僻字，就现场制作，速度也很快。

活字印刷共有四道工序：制字、排版、印刷、回收活字备用。这种方法如果只印刷几本书，不算简便，但如果印数增加，则速度快，方法简便，所以千百年来一直为人们沿用，在使用现代的激光排印之前，书报的凸版铅印的基本原理一直未变，只是改为铅字，采用机器制作，加快速度罢了。

据《梦溪笔谈》记载，毕昇曾试过木活字版，但因木料纹理不一，经水浸泡后容易膨胀，变得高低不一，不利印刷，而且木活字容易与溶化的药剂粘在一起，不易脱落，不如泥活字简便，一抖便落。

毕昇的活字印刷术发明后，我国劳动人民在推广使用过程中，根据胶泥活字原理，在活字的原料和排版印刷等方面又做了改进，使活字印刷技术不断向前发展。元朝初年有人用锡制造活字。元成宗大德二年（1298年），农学家王祯请木匠刻制木活字，并印制了《旌德县志》，他还发明了转轮排字盘和“以字就人”的拣字法，把活字依字的声韵排列车转轮上，排版时工人坐着转动轮盘拣字，提高了劳动效率。

王祯写的《造活字印书法》，是世界上最早的系统叙述活字印刷术的文献。明孝宗弘治光年（1488 年），无锡人华燧采用铜活字印刷，开始用字模浇铸铜活字，明末福建人饶化用铜字印刷；到 16 世纪初又出现了铅活字。

有人怀疑“以为火烧胶泥作字，似不合情理”，认为毕昇的活字是金属的。但清朝道光甲辰年（1844 年）安徽泾县人翟金生用自制泥活字印成的《泥版试印初编》诗集，是毕昇当年发明泥活字版的最有力证据。

毕昇的活字印刷术后来传入朝鲜，又经朝鲜传入日本；经新疆传到波斯、埃及，再传播到欧洲乃至世界各地。这不仅促进我国文化的发展，而且为人类文化的交流作出了重大贡献。

马克思对此有高度评价，他说：印刷、火药和指南针是“预告资产阶级社会到来的三大发明”，“印刷术却变成新教的工具，总的来说变成科学复兴的手段，变成对精神创造必要前提的最强大的杠杆。”

毕昇发明的泥活字已不复传世，但在中国历史博物馆里，人们还可见到毕昇创造的胶泥活字版的复制模型。它默默地告诉参观者，毕昇活字印刷术的发明，是世界印刷术上的一次革命，他对人类文明史的贡献是永远不可磨灭的。

著《千金要方》的孙思邈

孙思邈，生于公元581年，今陕西耀县人。他自幼体弱多病，为请医治病，几乎耗尽家产。这使他深感疾病对人的危害之重，萌发了立志从医的愿望。由于他聪慧好学，在青年时代就已成为远近闻名的医生了。

有一次，孙思邈在路上看到四个人抬着一口棺材往前走，鲜红的血从棺材缝里滴出来，后边跟着一个哭得死去活来的老婆婆。

孙思邈赶忙走上前问道："请问，棺材里装的什么人？死去多长时间啦？"

老婆婆回答说："死了有几个时辰了，我的独生女难产，折腾了两天两夜，孩子没有生下来，倒把她的命送掉了。"

孙思邈说："打开棺材，让我看一看，好吗？"

老婆婆一听，忙拉住孙思邈说："您是大夫吧？您能救得活她吗？"

孙思邈回答说："可以试一试，看流出来的血，可能还有希望。"

于是大家动手，把棺盖打开。孙思邈一瞧，那妇人脸白得像张纸，没有一点儿血色。仔细摸了摸脉，觉出还在微弱地跳动。他赶紧选好穴位，给病人扎针，还用了特殊的捻针手法。不一会儿，"哇"的一声，一个胖娃娃生了出来。孙思邈把药给产妇喝下去，不一会儿，产妇也苏醒过来。大家看到孙思邈一针救了两条命，都惊奇地称他是神医。

还有一次，一个人患了尿潴留症，小肚子胀得受不了。孙思邈想："尿脬盛不了那么些尿，吃药怕是来不及了，尿不出尿，怕是管排尿的器官不灵了，如果能用根管子插进尿道，尿也许能流出来。"可是到哪里去找这又细又软的管子呢？碰巧这时，邻居的孩子正拿着一根烤熟了的葱管吹着玩，孙思邈猛然开了窍："对啦，我不妨用葱管来试试。"他找来一根细葱管，切去尖尖的一头，小心翼翼地插进病人的尿道里，再用力一吹，不一会儿，尿果然顺着葱管流了出来，病人小肚子慢慢地瘪了下去，病也好了。孙思邈成为中华医学史上第一个发明导尿术的人。

孙思邈医术高明，这是因为他不仅善于总结前人的经验，而且特别注意收集民间验方，从实际生活中学习。例如久居山区的人容易得粗脖病，民间有吃海藻可以治病的验方。可是山区哪来的海藻呢？古时候交通又不发达。孙思邈想："人们常说'吃心补心，吃肝补肝'，能不能用羊靥（羊甲状腺）来治这种病呢?"他试用羊靥治了几个病人，果然都治好了。原来粗脖病是因为食物中缺乏碘，海藻和羊靥含碘比较多，所以治甲状腺肿大特别有效。

山区老百姓还容易得一种病，即病人在白天视力挺正常，到了晚上，光线不足，就像麻雀一样什么也见不到了，人们把这种病叫做"雀盲眼"即"夜盲症"。孙思邈想："为什么有钱人不得这种病呢？这分明是穷人身上缺少点什么才引起的。"他反复考虑，认为可能是穷人少吃荤的缘故。他试用动物的肝脏来治夜盲症，果然很见效。现代医学证明，夜盲症是因为身体缺少甲种维生素，肝脏里含有很多甲种维生素，所以能治这种病。

孙思邈还发现有钱人常常得脚气病，根据治夜盲症的经验，他想到这种病很可能也和饮食有关系。他比较了穷人和富人的饮食，富人多吃精米细粮，而穷人吃的是素食粗粮。他仔细一分析，粗粮夹杂着不少米糠麸子，于是他试用米糠和麦麸来治脚气病，非常灵验。后来，他又发现杏仁、吴茱萸等几味中药也能治脚气病。现代医学证明，脚气病是因为人体内缺少一种维生素引起的。尽管当时的孙思邈对这一医学理论还不甚清楚，但他在实践中却总结出了一套治疗脚气病的有效方法，他是世界上第一个记录治疗脚气病的人，比国外早1000多年。

孙思邈医术高明，但不慕名利。在他二十多岁时，隋文帝杨坚曾召他为"国子博士"，但他讨厌那追名逐利的官场生活，推托有病而拒绝了。后来，唐太宗李世民即位后，又召请孙思邈到京，授予官位，他也固辞不受。以后，他又多次辞绝了高官厚禄，而坚持行医，把全部精力用于钻研医学上。在70岁时，孙思邈遍检历代医学典籍，并结合自己的临床经验，编撰成《千金要方》，这部医书包括中医基础理论和临床各科的诊断、治疗、针灸、食治、预防、卫生等共30卷，编为232门，它以人体进行分类，已接近于现代医学的分类方法。孙思邈活到 101 岁，他在百岁时又完成《千金翼方》的编著，作为《千金要方》的补充，偏重记载本草、伤寒、杂病、中风、疮痈等病，收载当时所用药物 873 种，详细记述了 233 种药物的采集和炮制方法。因此，孙思邈不仅是我国唐代医药学家的卓越代表，而且是我国唐代以前医药学成就的集大成者。

数学家祖冲之

祖冲之（429－500 年），字文远，出生于一个为朝廷掌管历法的官吏家庭里，范阳县（今河北涞水县）人。

早在青少年时期，祖冲之就对自古以来天文观测记录和制历方法进行了认真的研究，发现古代所谓“六历”（黄帝历、颛顼历、夏历、殷历、周历、鲁历）并非远古历法，而是“汉初周末”人伪托而成的。又经过“亲量圭尺，躬察仪漏，目尽毫厘，心穷筹策”的细致观察，发现古历有很多不够精确的地方。并大胆地对前人的观测和推算加以订正，着手改历的工作。经过艰苦的观测和计算，于 462 年，祖冲之完成了大明历。这是当时比较先进的历法，当时他年仅 33 岁。

大明六年（462 年）祖冲之把历法呈交朝廷，请求批准使用。孝武帝让大臣们讨论。孝武帝宠臣戴法兴顽固守旧，竭力反对。他说“古人制章，万世不易”，改变历法是“诬天背经”。

年轻的祖冲之毫不示弱，他义正词严地反驳：“事实胜于雄辩，祖宗的皇历不够精确，为什么不能改动呢？如日、月食不是怪异现象，可以科学测算预先得知的，并不是神仙鬼怪搞的。”

戴法兴冷笑道：“老皇历世代相传，岂能有错？你小子不是为了沽名钓誉吧？”

祖冲之针锋相对，讽刺戴法兴是“相信古人，怀疑今人”。在论战不可调停的情况下，二者进行了一场演算。

祖冲之以有力的论据说明过去的历法或因测量不精或推算不准不够精确。他用自己的“大明历”推算了从元嘉十三年（公元430年）到大明三年（公元459年）23年间发生的四次月食的时间和太阳在天空中的位置，结果完全符合实际。抱着“老皇历”的戴法兴也自以为是地推算着，但他的结果和实际情况相差很远。在事实面前，戴法兴理屈词穷，但他仗着自己显赫的宠臣地位，利用百官都惧怕他的心理，仍蛮横地宣称，古历尽管有错，也不能改革。

“大明历”是当时比较先进的历法，祖冲之做了不少的创造。他首先将“岁差”引到历法中，从而提高了历法的精度。“岁差”是指地球在运行过程中受到日、月和行星的吸引作用，地球自转轴的方向会发生缓慢而细微的变化，即春分，从地球上看，太阳并没有回到原来的位置，而是岁岁后（向西）移，引起了二十四节气位置的变动。

祖冲之在前人观察的基础上，经过长期的亲自观察，证实岁差的存在，并确定岁差每45年又11个月相差一度。这个“岁差值”虽不很精确，但引入“岁差”编历法，使历法有了更科学的基础。从而区别开天文学中“回归年”和“恒星年”两个概念。“回归年”是太阳连续两次经过春分点所需要的时间，又叫太阳年，即我们日常生活中所说的“年”；“恒星年”是太阳连续两次经过某一恒星所需的时间，即地球绕太阳公转的一个真正周期。一个“回归年”比一个“恒星年”短20分30秒。

祖冲之把“岁差”引进历法的编制中，是我国历法发展史上的一个重大进步。每19年中设七个闰月的闰法。但这种闰法不完善，每过200多年就多出一天。经过精心的计算，祖冲之确定391年中设144个闰月的闰法，使大明历更加精确，更加适应我国农业生产和人民日常生活的需要。

祖冲之另一成就还在于在历法计算中引进“交点月”的概念。“交点月”即月亮在天体中进行的路线同太阳在天体中运行的路线有两个交点（即黄白交点），月亮两次经过同一交点的时间，叫交点月。由于日食和月食（统称交食）都发生在黄白交点附近，准确测出了交点月，就可以准确地预测出日月食。早在459年9月15日，祖冲之就成功地预测了月食，且以生动的事实向人们解释月食可以科学预测，并不是怪异现象，也不是人间吉凶的象征。这对当时的迷信说法是个很大的冲击。

祖冲之辛苦数年编成的“大明历”有许多优点，但以戴法兴为首的顽固保守派却倍加为难于它，对大明历横加指责，恶意攻击，而朝廷的大臣都惧怕他的权势，随声附和他。皇帝刘骏根本不懂历法。“大明历”在祖冲之在世时，终于没能施行，祖冲之死后 10 年，在祖冲之的儿子和一批有识之士的大力推荐下，“大明历”才被梁朝采纳施行。

祖冲之在数学上也很有造诣。最为世人称道的是他对圆周率的计算。在祖冲之之前，魏晋时期的数学家刘徽在《九章算术注》中，创立“割圆术”推算出圆周率等于 3. 1416 的重大成果。这在当时已属于相当准确的数据。但祖冲之想在前人的成就之上再造辉煌。经过数年的艰苦和钻研，他测算的圆周率值在 3. 1415926 和 3. 1415927 之间，这是世界数学史上第一次把圆周率准确推算到小数点后七位。直至 1000 年后，15 世纪的阿拉伯数学家阿尔·卡西计算到小数点后 16 位，才打破祖冲之的记录。祖冲之得出这一结果，需要对有九位有效数字的大数进行加、减、乘、除和开方运算，共 100 多步，其中近 50 次的乘方和开方，有效数字高达 17 至 18 位之多。而在当时，还没有纸、笔，而是用和后世珠算术类似的算法，即在纵横相间中罗列小竹木棍的筹算法进行。祖冲之为此所付出的艰巨劳动，令使用计算器和电脑的后人难以想象，并深深折服于他严谨认真的科学精神。

祖冲之不仅在数学、天文学方面有杰出的成就，他还有很多发明创造。他设计制造了利用水力推动的“水碓磨”，在大水轮的轴上安装了许多横木，随着湍急的流水冲动了大水轮，带动了好多石杵，一起一落地在石臼里舂起米来；还有一组安装在轴上的齿轮，带动石磨不停地转动，把粮食磨细。他又造过一种指南车。无论车子怎样行驶，车上的铜人始终指着南方。他又造有“千里船”，在新亭江上试行，一天可航行 100 多里。他因为诸葛亮有“木牛流马”，乃仿造一器，内置机械，不用多少人力能自己运行。祖冲之对音乐也有研究。还撰写过文学作品《述异记》10 卷。他在任齐长水校尉时，曾写了《安边论》，提出“开屯田、广农殖”的主张。

祖冲之在科学上的光辉成就不仅使我们为之感到自豪，而且他的科学精神在今天仍然有借鉴意义。

医生张仲景

张仲景，生于东汉桓帝元嘉、永兴年间（约公元150～154年），死于建安最后几年（约公元215～219年），名机，字仲景，南阳郡涅阳（今河南省邓县穰东镇张寨村，另说河南南阳市）人。相传他曾举孝廉，做过长沙太守，所以有张长沙之称。他是我国东汉末年一位伟大的临床医学家。他以其丰富的临床经验，精湛的医术救治了不少病人。同时，他还写了一部医学巨著——《伤寒杂病论》，可以说这部创造性巨著的问世，使我国临床医学和方剂学，发展到较为成熟的阶段。

张仲景出生在没落的官僚家庭。他的父亲张宗汉是个读书人，在朝廷做官。由于父亲的熏陶，张仲景十分酷爱读书，而且他的家庭也为他读书提供了良好条件，他从小就有机会接触到许多典籍。因此张仲景博览群书，并十分着迷于医学书籍，到了10岁的时候他就已经读了不少的书籍了。当他读了扁鹊为齐桓公望诊的故事后，对扁鹊的高超的医术钦佩不已。每当提到扁鹊他都会对其赞不绝口，他常说："余每览越人入虢之诊，望齐侯之色，未尝不慨然叹其才秀也。"也是因为这样的缘故，使他从此对医学发生了浓厚的兴趣。

张仲景出生的年代，已经是东汉末期了，当时的东汉朝廷内政治黑暗，朝政腐败。朝廷外农民起义此起彼伏，兵祸绵延。连年的战乱，让当时的黎民百姓饱受战乱之灾，加上疫病流行，很多人死于非命，到处可以见到死人，当时的情形是"家家有僵尸之痛，室室有号泣之哀"。令人惨不忍睹。可是当时的官府却没有想办法救助百姓，反而不停地发动战争，争权夺势，令百姓苦不堪言。见此情景，从小就厌恶官场，轻视仕途的张仲景，更加的怜悯百姓，萌发了学医救民的愿望。

于是，在汉桓帝延熹四年（公元161年），他10岁左右时，就拜与其同郡的医生张伯祖为师，学习医术。相传这个张伯祖与张仲景是同一宗族之人，他见张仲景聪明好学，又爱钻研医学，而且还有一颗仁爱之心，于是便将自己毕生的绝学毫不保留地传授给了张仲景。张伯祖是一位极负盛名的医生，他性格沉稳，生活简朴，对医学刻苦钻研。每次给病人看病、开方都十分精心，深思熟虑。经他治疗过的病人，十有八九都能痊愈，因此百姓们都非常爱戴他。本来就热爱医学的张仲景，在耳濡目染之下，对医学更加的热爱了。每次同张伯祖外出诊病、抄方抓药，或是上山采药、回家炮制，从未见他叫过苦。因此张伯祖就更加喜爱这个徒弟了。

张仲景的一个同乡何颙曾对张仲景说过一句话，他说张仲景才思过人，善思好学，聪明稳重，但是没有做官的气质和风采，不宜做官。只要专心学医，将来一定能成为有名的医家。这位比张仲景年长的同乡的话，对张仲景的触动很大，可以说他还是比较了解张仲景的。听了他的一席话之后，张仲景学医的信心就更加的坚定了，从此他学习更加刻苦。他博览医书，广泛吸收各医家的经验用于临床诊断，进步很大，很快便成了一个有名气的医生。此时，何颙又说“仲景之术，精于伯祖”，意思是张仲景的医术已经超过他的老师——青出于蓝而胜于蓝了。

在中国几千年的封建历史中，迷信一直是百姓的致命伤。张仲景所处的年代也一样，在当时人们迷信巫术之风盛行，巫婆神汉道乘势兴起，坑害百姓，骗取钱财。不少贫苦人家只要有人得病，就请巫婆和妖道降妖捉怪，用符水治病，结果病人的病不不见好转，反而会因为耽误了医治，而丧失了性命，弄得那些人家人财两空。可是许多人依然不长记性，当家里又有人生病的时候，依然不送医救治。对这些坑人的巫医神汉十分痛恨的张仲景，每次遇到他们装神弄鬼，误人性命，他就出面干预，理直气壮地和他们争辩，并用医疗实效来驳斥巫术迷信，奉劝人们相信医术。

有一次，张仲景遇见一个妇女，她一会儿哭一会儿笑，总是疑神疑鬼。她的家人听信巫婆的欺骗，以为这是“鬼怪缠身”，要请巫婆为她“驱邪”。张仲景观察了病人的气色和病态，又询问了病人的有关情况后，对病人家属说：“她根本不是什么鬼怪缠身，而是‘热血入室’，是受了较大刺激造成的。我可以治好她的病。要是你们依然让那些骗人的巫婆为她驱鬼的话，恐怕她就真的有生命危险了。”病人的家属将信将疑，同意让张仲景为其治病。在张仲景一段时间的医治之下，那位妇女慢慢好了起来，不再疑鬼疑神的了，身体也恢复了健康。从此以后，一些穷人生了病开始找张仲景医治，而不是找巫婆了。

为了使更多的病人能从巫术迷信中解脱出来，早日康复，张仲景刻苦探索，创立了许多新的治病的方法。一次，有个病人大便干结，排不出，吃不下饭，身体非常虚弱。张仲景为他仔细做了检查之后，确定该病人得的是高热引起的一种便秘症。当时碰到便秘，医生一般都会让病人服用泻火的药。但是这个病人身体很虚弱，如果服用泻药，他会经受不住。但不用泻药，大便不通，热邪无法排除。张仲景经过慎重考虑后，决定做一种新的尝试：他取来一些蜂蜜并将它煎干，捏成细细的长条，制成“药锭”，慢慢地塞进病人的肛门。“药锭”进人肠道后，很快溶化，干结的大便被溶开，一会儿就排了下来。大便畅通，热邪排出体外，病人的病情立刻有了好转。这就是我国医学史上最早使用的肛门栓剂通便法。这种方法和原理至今还被临床采用。

还有一次，张仲景在外出的途中，看见许多人围着一个躺在地上的人叹息，有几个妇女在悲惨地啼哭。原来躺在地上的人上吊自杀了，当人们发现他并将他救下的时候却发现他已经不能动了。当得知此人上吊的时间不长，而且当时离他被救下的时间不久，张仲景认为此人还有救。于是张仲景赶紧吩咐把那人放在床板上，拉过棉被为他保暖。同时叫了两个身强力壮的年轻人，蹲在那人的旁边，一面按摩胸部，一面拿起双臂，一起一落地进行活动。张仲景自己则叉开双脚，蹲在床板上，用手掌抵住那人的腰部和腹部，随着手臂一起一落的动作，一松一压。不到半个时辰，那人竟然有了微弱的呼吸。张仲景关照大家不要停止动作，继续做下去。又过了一会儿，那人终于清醒过来。这就是现在在急救中广泛使用的人工呼吸。

张仲景认真学习和总结前人的理论经验，仔细研读了《素问》《灵枢》《难经》《阴阳大论》《胎胪药录》等古代医书。其中《素问》对他的影响最大，该书中有提到伤寒之病，张仲景根据自己的实践对这个理论作了发展。他认为伤寒是一切热病的总名称，也就是一切因为外感而引起的疾病，都可以叫做“伤寒”。他还对前人留下来的“辨证论治”的治病原则，认真地加以研究，从而提出了“六经论伤寒”的新见解。

有一次，两个病人同时来找张仲景看病，都说头痛、发烧、咳嗽、鼻塞。经过询问，张仲景得知，两位病人都是因为都淋了一场大雨后得病的。张仲景给他们把了脉，并确诊他们得的是感冒，他给两人各开了剂量相同的麻黄汤，发汗解热。谁知，第二天，其中一个病人的家属早早就跑来找张仲景，说病人服了药以后，出了一身大汗，但头痛得比头一天更厉害了。张仲景听后觉得不可思议，以为是自己诊断出了差错，连忙跑到另一个病人家里去探望。而那位病人却说服了药后出了一身汗，病好了一大半。张仲景更觉得奇怪，为什么同样的病，服相同的药，疗效却不一样呢？他苦思冥想，在回忆头一天给病人切脉时的情景时，张仲景猛然想起自己在给第一个病人切脉时，病人手腕上有汗，脉也较弱，而第二个病人手腕上却无汗，他在诊断时忽略了这些差异。病人本来就有汗，再服下发汗的药，不就更加虚弱了吗？这样不但治不好病，反而会使病情加重。于是他立即改变治疗方法，给病人重新开方抓药，结果病人的病情很快便好转了。

这件事情对张仲景的影响很大，从此以后，他就对前人的“辨证论治”理论作了更深刻、更系统的研究，从而提出了新的见解。

除了研读已有医书之外，他还广泛搜集古今治病的有效方药，甚至民间验方也尽力搜集。他曾一一研究过针刺、灸烙、温熨、药摩、坐药、洗浴、润导、浸足、灌耳、吹耳、舌下含药等各种民间常用治病之法。为了开阔眼界，收集更多的治病之方，张仲景到了繁华的都城洛阳一带行医。在那里，张仲景认识了“建安七子”之一的王粲，两人来往频繁。在两人相交的过程，张仲景凭着自己多年的医疗经验，发现王粲得了一种可怕的疾病。当时他就劝王粲说：“你已经患病了，应该及早治疗。如若不然，到了四十岁，眉毛就会脱落。眉毛脱落后半年，就会死去。现在服五石汤，还可挽救。”可惜的是王粲当时并不相信他的话，20 年后，四十几岁的王粲果真如张仲景所说的，眉毛开始慢慢地脱落，眉毛脱落后半年就死了。

尽管张仲景从小就厌恶官场，轻视仕途。但是为了不违背父命，张仲景还是进入了官场。大约在公元 196 ~ 219 年的时候，张仲景被派到长沙做太守。

即使已经为官，但是张仲景依然热爱医学，喜欢为人治病，更重要的是他有一颗仁爱的心，希望能为百姓解除病痛。不过在当时那个年代，在朝为官的官员不能随便进入民宅，接近百姓。可是不接触百姓，就不能为他们治病，自己的一身医术也就无施展之处了。为此，张仲景想了一个绝妙的办法，就是每月的初一和十五两天，大开衙门，不问政事，让有病的百姓进来，他端端正正地坐在大堂上，挨个地为他们切脉治病。

当衙役贴出了他的安民告示之后，他的举措在当地产生了极大的震动，老百姓无不拍手称快，对张仲景更加拥戴。时间久了便形成了惯例。每逢农历初一和十五的日子，他的衙门前便聚集了来自各方求医看病的群众，甚至有些人带着行李远道而来。后来人们就把坐在药铺里给人看病的医生，通称为“坐堂医生”，用来纪念张仲景。

东汉末年，战乱不断，东汉王朝四分五裂，张仲景官不能做，家也难回。于是他就到岭南隐居，专心研究医学，撰写医书。到建安十五年，终于写成了划时代的临床医学名著《伤寒杂病论》，共十六卷。这本书他是从建安十年（公元205年）开始撰写的，一共花了6年的时间。《伤寒杂病论》系统地概括了“辨证施治”的理论，为我国中医病因学说和方剂学说的发展作出了重要贡献。张仲景写成该书后仍专心研究医学，直到与世长辞。晋武帝司马炎统一天下后的公元285年，张仲景的遗体才被后人运回故乡安葬，并在南阳修建了医圣祠和仲景墓。

天文学家张衡

在西方的天文学家哥白尼、开普勒、伽利略之前1000多年，我国诞生了一位伟大的天文学家，他的名字叫张衡。

张衡（公元78—139年），字平子，东汉南阳西鄂（今河南省南召县）人。张衡的祖父叫张堪，曾任蜀郡太守。但到张衡时，家境没落，生活比较贫困。清贫的生活激励张衡自幼勤奋好学，读了很多书，文章写得很出色。为了开阔眼界，求得一些新知识，17岁那年，张衡离家到外面游历。他先是到西京长安（今西安），后又到当时的京都洛阳，就读于最高学府——太学。

长安和洛阳都是当时最繁华的城市，城里的官僚贵族过着骄奢淫逸的生活，根本不顾天下的老百姓在受冻挨饿。张衡看了心里十分气愤。他拒绝官僚贵族的召请，只认真研究学问。他说：一个人不应该担心自己的地位不高，应该担心自己的品德不高尚；不应该为了收入少而害羞，应该为知识不广博而害羞。正是基于这种思想，张衡历时十年，写出了《东京赋》和《西京赋》。这两篇赋既描写了洛阳和长安的繁华，又深刻揭露和讽刺了帝王贵族寄生腐朽的生活，成为传世之作。

除了文学，张衡特别爱好数学和天文学。公元 115 年，张衡被任命为太史令。太史令的职责是观察天文，制定历法，记录各地发生的灾异等等，这个工作正好符合他的兴趣。

当时关于天体、宇宙的学说，一共有三种，一种是盖天说，认为地是方的，天是圆的。像盖子一样罩在地上。另一种是宣夜说，认为天没有一定的形状，日、月、星辰都自然地悬浮在天空中。还有一种是浑天说，认为天是浑圆的，像蛋壳，地像包在中间的蛋黄，日、月、星辰都在蛋壳上不停地转动。张衡经过认真地观察，肯定了浑天说。这种学说虽然不完全精确，但比较符合观察的实际。

张衡为了形象地论证浑天说，还制造了一个仪器，叫“浑天仪”。浑天仪用铜铸成，是一个可以转动的球体。球体上刻着日、月、星辰，随着球体的转动，日、月、星辰的依次出现，和天空中星象出没的实际情况完全相同。

张衡还把浑天仪和计时用的漏壶连在一起，漏壶中水的流动带动浑天仪运转，一天一周。这样，一天里面什么星从东方升起来，什么星从西方落下去，坐在屋子里就可以看得清清楚楚。这在 1800 多年前是非常了不起的。

浑天仪的造成和演示，在当时引起了极大的轰动。只可惜在封建社会里，创造发明得不到重视，这架精密的自动天文仪器到东晋以后就失落了。现在北京建国门的观象台上有一架清朝铸造的天球仪，跟张衡所造的大体相仿，但是不能自动。

张衡的第二大发明是于公元 132 年制作了世界上第一台测定地震及其方位的仪器——地动仪。东汉时期，我国的地震比较频繁。据史料记载，公元92至125年的30多年中，共发生了26次较大的地震。张衡正生活在这个时期，对地震有亲身体验。为了掌握各地的地震情况，他经过多年的潜心研究，制造出了地动仪。地动仪也是用精铜铸成的，圆径八尺，形似酒坛，上有隆起的圆盖。仪器的内部中央立有一根“都柱”。柱旁有八条通道，道中安有机关。仪器周围铸有八条龙，龙头对着东、南、西、北、东南、西南、西北、东北八个方向。龙头和内部通道中的机关相连，龙嘴是活动的，每条龙的嘴里都衔着一颗小铜球。每一条龙头下面，又放了一个张大了嘴的铜蛤蟆。要是哪个方向发生了地震，正对这个方向的龙嘴就会自动地张开，铜球“当”的一声恰好落在铜蛤蟆的嘴里。

公元138年2月初3，安放在京都洛阳的地动仪突然动了，一枚铜球从位于西边的龙嘴里吐出，掉到蛤蟆嘴里。可当时在京城的人们对地震没有丝毫的感觉。于是，人们议论纷纷，那些本来就不相信张衡的人乘机攻击张衡是吹牛。可是没隔几天，陇西（今甘肃省东南部）派人飞马来报，说前几天那里突然发生了地震，这才使人们真正信服地动仪的作用。陇西距洛阳1000多里，从洛阳无震感的情况分析，地动仪可以测出的最低裂度为3度左右，在1800多年前的技术条件下，测震灵敏度这样高，是一个非常伟大的成就。在张衡研制成功地动仪后，过了1700多年，欧洲才制造出同地动仪相类似的仪器。

张衡还创造了世界上第一架观测气象的仪器——候风仪，又叫相风铜乌。他在五丈高的杆顶上安一只衔着花的铜乌，可以随着风转，乌头正对着风来的方向。这架仪器和欧洲装在屋顶上的候风鸡相仿，但是欧洲到了12世纪才有关于候风鸡的记载，比张衡晚了1000多年。

张衡还造成了当时只在传说中才有的指南车。

张衡安心地担任了十几年的太史令，在科技上取得了丰硕的成果。汉顺帝即位后，张衡被提升为侍中。这时，东汉正处于外戚和宦官轮流掌握大权的黑暗时期。张衡最终被宦官们排挤出京城，去当河间（治所在今河北献县东南）相。张衡知道自己的力量根本就敌不过那些权贵，便请求辞官回家，结果顺帝反而提拔他当了尚书。

张衡当尚书不到一年，就病死在任上，享年62岁。他的一生在中国历史上留下了光辉的业绩。

第四章　以辛勤劳动为荣
以好逸恶劳为耻

“愚公移山”是我国的一个古老传说，太行、王屋两座山，方圆达七百里，高达七八千丈。传说它们原来位于冀州的南部、黄河北岸。

北山有个愚公，年纪将近90岁，住在两座大山对面。愚公苦于山北面道路阻塞，出去进来都要绕远路。于是召集全家人商量说：“我们尽力将太行、王屋两座大山挖平，使道路一直通到豫州南部，到达汉水南岸，你们看怎么样?”大家纷纷表示赞同。他的妻子提出疑问说：“凭您的力量，并不能削减魁父这样的小山，能把太行、王屋怎么样？况且把土石放到哪里去呢?”大家纷纷说：“把土石扔到渤海的边上，隐土的北面。”愚公于是带领子孙中能挑担子的三个人，凿石头，挖泥土，用箕畚将石土运送到渤海的边上。邻居姓京城的寡妇有个孤儿，刚七八岁，也蹦蹦跳跳去帮助他们。他们来回运土，一年才能往返一次。

河曲的一个聪明的老人笑着阻止愚公说：“你太不聪明了。凭你的余年剩下的力气，还不能毁掉山上的一根草，又能把泥土和石头怎么样?”北山愚公长叹一声说：“你思想顽固，顽固到不能改变的地步，还不如寡妇和弱小的孩子。即使我死了，还有儿子在呀；儿子又生孙子，孙子又生儿子；儿子又有儿子，儿子又有孙子；子子孙孙没有穷尽的，可是山不会增高加大，为什么愁挖不平?”河曲智叟无言以对。

山神听说了这件事，担心愚公他们会不停地挖下去，便向天帝报告了这件事。天帝被愚公的诚心感动，命令夸父氏的两个儿子背走了两座山。一座放在朔方的东部，一座放在雍州的南面。从此，冀州的南部，汉水的北面，便没有高山阻隔了。

辛勤劳动，一直是中华民族的传统美德，也正是这种精神让世界变得更加美好。

大漠愚公唐八十

在内蒙古赤峰（市）翁牛特旗（县）布力彦苏木（乡）的万顷沙海，有一个占地2000亩的绿色庄园。如今庄园内挺立着一棵棵绿树，偶尔还有些小动物出没。看到这些郁郁葱葱的景象时，谁又能想得到，这里曾经是一片黄沙呢？是谁改变了这里，改变了这里的世界？答案就是——大漠愚公。这位被人们称为“大漠愚公”的人也是这片庄园的主人，中共党员唐八十。

唐八十所在的布力彦苏木处于科尔沁沙地腹地，气候干燥，十年九旱。到上个世纪80年代，沙进人退，土地70%被沙化。恶劣的生态环境，严重制约这里牧民生产的发展和生活水平的提高。

1987年唐八十被任命为布力彦苏木（乡）查干希热嘎查（村）党支部书记。走马上任后，面对滚滚黄沙，想到小时候自己也曾经见到过家乡绿树葱郁，野鸡、狍子满地的情形，唐八十下定决心要治理好这里的黄沙。他一边精心策划治沙方案，一边还不断地给村民做工作，希望大家能和他一起治理黄沙。他常在党员和群众会议上说：“这沙子熊到我们门口上来了，我们不能坐以待毙，大家要行动起来，向沙漠要地、要树、要草场，为子孙后代负责。”然而，那个时候，因为没有什么治沙的先例，很多人都认为人类无法抗拒沙漠的力量。针对这种情况，唐八十决定起个带头领先的作用，将自己的家迁到沙窝子中。

纵观人类历史，每一种新的尝试都会遇到许多的阻挠。唐八十想搬家也受到了各方阻力和压力。阻力当然来自家人，唐八十的妻子身体不好，不愿意舍弃刚盖好的住起来舒舒服服的瓦房，更不愿到沙窝子那种地方去遭罪。唐八十的两个儿子都已成人，也有自己的想法，他们不愿到那沙漠之中过着孤苦的生活，和父亲意见不合却又说服不了父亲，就先后参了军。其他的亲戚、朋友要么讽刺他自己找罪受，要么规劝他别去那浪费光阴。

其他人也各有各的想法，没有多少人支持他。

唐八十并未因此而放弃，他继续做家人的工作，最后，家人接受了他的意见，同意和他一起进军那寸草不生的沙窝子。1987 年春天，唐八十率领全家老少六口人，抛弃刚刚建好的四间砖瓦结构的新房和舒适的生活环境，顶着重重阻力，冒着极大的风险，迁进了黄沙漫天的沙窝子。开始了人生的一段新的旅程，只是大家心中都在忐忑："能成功吗？"

到了沙漠地带后，唐八十先是带领家人简单地在那盖了几间土房。他把盖房的钱省下来用于治理黄沙。

把家安好后，唐八十先是在沙地上开出了两块菜地，但是，一场风就把菜地里的菜刮得无影无踪。既然如此，那就只好买些网罩回来，这样就可以罩住那些开垦出来的地了。于是，唐八十拿出自己多年积蓄的 1 万元钱买了网罩。网罩买回后，他就将其住地四周 600 亩流动沙地围封了起来。可是，大风又将围网罩的一米多高的木桩子埋进了沙里。唐八十只好一个一个地把它再扒出来。有的树苗被连根拔起。为了抵御风沙袭击，唐八十给每个树苗都加上防风沙障。

当时唐八十只有到县城乌丹才能买到树苗，从他们住的沙窝子到乌丹往返有 100 多公里，而且又是沙漠。那时的布力彦苏木不通车，唐八十就赶着毛驴车自己去拉苗。每次拉苗都要花三天的时间。就这样，经过几次往返后，他终于将 2.5 万株树苗运回了家。

刚巧的是，当时正值北方地区造林的黄金季节，当唐八十将树苗拉回了以后，他们一家开始上山植树了。他披星戴月，渴了喝口凉开水，饿了茶水泡炒米，不停地种树，照顾刚种植的树苗。功夫不负有心人，经过唐八十一家三四年的围封治理，茫茫的沙海中出现了一片绿色。唐八十乘胜前进，不断扩大治沙战果，从他居住的地方第二次向外围封了 600 多亩，第三次又向外围封了 600 多亩，在他居住地周围，治理沙漠已达 2000 多亩。唐八十的女儿说父亲与沙子、林草有不解之缘。对于父亲的辛勤劳动，女儿则说："二十几天穿坏一双鞋，十几天穿坏一个背心，十几年来，他天不亮就起床，中午从不休息。"

1988 年唐八十一家造林 80 亩，18 年后，他们有了一个占地 2000 余亩的庄园，其中，造林面积已达 600 多亩；营造杨树用材林 80 亩；沙棘、白柠条、黄柳等防护林500亩；人工模拟飞播小叶锦鸡儿、踏榔、沙打旺、沙蒿1000多亩。在这期间，唐八十共自筹资金10万元，在茫茫沙丘上建起了8000多亩的草库，林木发展到十几个品种。他从苗圃引进200株樟子松树苗，在30米高的沙丘上安家落户。他除在居住地治理沙漠2000亩外，又围封沙地6200亩。为了提高造林成活率，除利用泡子水外，他还通过自筹资金，打5眼小井，机电配套。那些新建的幼林平均每年要浇灌三次，而遇到干旱的时候，五天就得浇灌一次。每次浇灌的时候他们就全家出动，用车拉，用肩挑。

在这18年中，看着他的成功，一些党员和牧民也开始植树造林抵抗风沙了。而唐八十，也将自己多年的治沙经验，传授给牧民和党员们，带动和帮助大家治沙造林，走沙产业致富之路。1996年，唐八十主动拿出1万元帮助四户缺少资金治沙造林的牧民，为他们买回网罩和树苗，帮助他们在挨着他居住治理的2000亩沙地的外围，围封了500亩沙地。牧民缺乏牧草时，唐八十无偿让牧民到他的围封地里打草，每逢春季，他把自己家的饲草调剂给其他牧户使用。在他的带动下，到2004年，唐八十所在村的60多户牧民，已经围封治沙2万亩，建设了一道绿色天然屏障，有效地保护了1.5万亩草场、4600亩农田和6个村庄。

“调整大王”王涛

王涛，东风汽车公司总装配厂调三车间调整工，以其顽强的拼搏精神和执著的追求，在平凡的岗位上作出了不平凡的业绩。

1955年，王涛出生于山东淄博的一个农村。王涛说他小时候的愿望是当一个拖拉机手。1975年，高中毕业后，王涛就被招工进了东风汽车公司（当时称二汽）装配厂，当了一名汽车装配工人。1991年6月，王涛加入了中国共产党。

刚进入二汽的时候，王涛只有20岁，当时他对自己的工作什么都不了解。他的师傅田玉发说当时他连刹车和离合器都分不清，所以就让他每天上车逐一认识分辨。当时，装调一条龙，一切要严格照工艺卡操作，死记硬背，两个月后，田玉发师傅发现他已经把工艺卡背得滚瓜烂熟，一字不差，并能对照工艺进行操作：首先作油、水、电三项常规检查，再查看扇页是否打水箱，然后再开车下线。当时田玉发很高兴，并称赞地对王涛说："哟，第一次操作就怪清楚的嘛。"而王涛却谦虚地说："那不是黑板上写着的嘛。"

在掌握了本职工作的技能之后，王涛并未就此止步，他还通过自己的努力，先后学会了钣金、油漆、换挡风玻璃以及电、气焊技术。就是靠勤学苦练出的一身过硬技术，他成了众所周知的"调整大王"。

学会了一个调整工所必需的技术，成了"调整大王"的王涛也没有因此而沾沾自喜，裹足不前，而是继续向理论的深度进军。他先后自学了《汽车修理》《汽车电工学》《驾驶员培训》《机动车修理工艺学》等书籍。在他的书架上摆的大部分的书籍都和汽车有关，不仅有比较新的《金属材料及热处理基础》《全面质量管理基本知识》，还有20世纪70年代出版的《汽车构造》《汽车驾驶员常识问答》。由此可以看出，他自始至终都非常努力。除了阅读大量的有关汽车的书籍外，王涛还非常喜欢收集与东风车有关的各种各样电路图，书架里还有许多的图纸和说明书。

在刻苦自学的同时，王涛从不放过每一个学习的机会。1992年，他刚参加了为期一个月的"EQ153（八平柴）业余知识讲座"，又第一个报名参加了"业余中级调整工培训班"。为期半年的学习结束，年龄最大、负担最重、文化水平最低的他，理论、实际考试都是第一，被破格晋升为"助理技师"，成为全厂首批"操作师"。

从一进厂，王涛就养成了记笔记的习惯，他说："一个人再有能耐，脑瓜里也装不了那么多的事，碰到疑难问题，表面现象是怎样的、怎么解决的，事情过后，我都仔细回忆一遍，记录下来，时间长了，翻出来看看，印象就更深。"于是，他把自己的调车经验和排除故障的方法，一一记在随身带着的小本子上，日积月累，记下了满满4本，几十万字，里面汇总了上百个故障和解决办法。

1992年平头车市场兴旺，产量猛增，但调整工作跟不上，常常造成压车的现象。王涛就将自己平时积攒下的经验教给大家。开始的时候，只要调车时一遇到具体的故障，他就找来小黑板，在上面又写又画，给大家一一讲解，但黑板一擦，时间一长，大家就又就忘了。那时，王涛就想要是能出本小册子，人手一份，这样就便于指导大家作业了。

王涛的想法得到了厂教育科的大力支持，但真的行动起来，却不是那么容易。为了写书，他学会了制图和写仿宋字。因为白天要上班，没有时间，所以王涛只好利用晚上的时间写，他常常一写就到了第二天早上一两点。而且，因为家里的地方小，他常就将一些图纸之类的往墙上挂，床上铺。他的妻子、女儿为了不影响他的工作，就一起挤到小屋里去了。就这样，从春节开始，用了 3 个月时间，写出了第一本《EQ153 载货汽车的基本结构及其调整》。后来他又以同样的方式写出了另两本书——《EQ153 载货汽车调试常见故障 30 例》和《EQ1061G2D2 载货汽车的基本调整与故障排除》，通过这三本书，王涛的个人智慧变成了众人的经验。这三本书，成了总装配厂的培训教材，调整工们掌握了书中的内容，由最初的两天交不了一台车，提高到一天一台、一天两台、三台，基本上解决了调整环节新车积压的问题，工厂的整个生产线进入了良性循环。东风公司将“八平柴”的调整法命名为“王涛操作法”，作为同行业高级技师的考试教材。

1995 年，东风朝阳柴油机公司驻总装配厂服务队的殷胜利在处理一台柴油机时，发现发动机启动后一直处于高速运行状态，根本无法减速。于是他便向王涛请教：“王工，你给看看，这台车为啥一直处于加速状态?”王涛笑着对殷师傅说：“问题就出在高压油泵的提前器上，你知道它的工作原理吗?”因为这个泵是配套厂家生产的，殷师傅压根就不知道，脸顿时就红了。在帮助殷师傅排除了故障之后，王涛就一本正经地说：“活干完了，你可得给我报酬。”

“什么报酬?”殷师傅心里犯嘀咕，东风公司赫赫有名的劳模，帮忙干活还要报酬?

“你想办法给我找一份提前器的产品说明书，我想把它的工作原理弄明白。”

“嗬……”殷师傅满腹狐疑烟消云散，费了一番周折，从生产厂家找来了说明书，把“报酬”给了王涛。

其实按照工厂的习惯，工人间大家都互称“师傅”，只有工程师会被称为“工”。可是为何在东风总装配厂的几千个工人中，大家都叫王涛为“王工”呢？这里还有一个故事——在一次在交车验收时，王涛与一位工程师为一个技术问题发生了争执。后来，事实证明王涛的判断是对的，那位工程师便坦荡地对王涛说：“王工，真不好意思，你是正确的。”从此，“王工”这个称呼就叫开了。

王涛之所以能找到技术工程师也想不到的问题，是因为他肯花时间去钻研。而且，在平时的努力学习中还积累了一定的理论基础，使他成了为数不多的能与工程技术人员进行技术交流的工人之一，也正是在这种交流中，他的水平得到了更快的提高，成为公司“十佳献技献艺能手”、“一级装配调整工种带头人”和湖北省机械厅“技能大师”。

有一次，夜里10点了，王涛接到了一个客户的电话。原来是客户的一台东风8吨平头柴油车想趁晚上车少人稀赶路，走到半路，发现车上没电了，找来找去，就是找不出毛病在哪里。他打听到王涛家里的电话，就向王涛求教。王涛问清情况后，当即告诉他：“可能是你不小心把前围总成与车架线束的接头碰松脱了，你查看一下，如果是这样，重新接上就行了。”10分钟后，那位客户又打来电话，说：“王师傅，你真神啦，毛病就在那里。”

王涛几乎每年都能给东风汽车总厂提出一些合理化建议，而这些建议都能给工厂带来不少的效益。同时，他也很注意发现问题，并努力解决它，在工厂的这些年，他有不少的小发明，而这些发明更是成了工人们时刻不能离手的必备工具。

当了调整工后，王涛发现查找线路故障非常麻烦。有时为了查某一根线是否有电得把仪表盘全部卸下来，将线头在铁板上擦，有火花就证明有电，没火花就没电。这种老办法费事费力费时，搞不好还会烧坏价值数百元的整个线路。王涛又琢磨开了，他把废弃的车尾灯的两极接上线就成了简易电笔，用两端去测试，有电，灯就亮。如今，每个调整工都揣着一支这样的笔，随时随地测试汽车电路。后来，这个小发明传到了社会上，一天，有人向王涛的徒弟推销：“专利产品，多功能汽车电器测试器。”王涛的徒弟一看，哈哈大笑：“这东西我师傅早就发明了。”说完从兜里掏出一个来。

王涛发明最多的是调整工常用的各种拆卸工具，卸仪表盘的弯头起子、特殊螺丝刀、换四通保护阀的“内避套”等。他对这些发明不断精益求精，卸方向盘的小拉力器，最初能提高工效一倍，他还不满足，经过不断完善的第三代又提高了功效几十倍。

王涛还是厂里生产工人的兼职教师，并多次被公司其他单位请去讲课。在他的带动下，他所在的调整三车间人人争学技术。以他命名的“王涛班”人人都有文明职工、技术能手等称号。在他的指导下，他的徒弟蒋显斌也写出了一本《六档变带箱故障排除法》。

在王涛参加工作的这些年来，他付出了很多，他装配调整的汽车达 15 万台以上，从未发生过质量差错。大家也肯定了他的付出，他先后 20 多次获得公司、市、省和部级劳动模范称号，1996 年，他荣获了全国“五一”劳动奖章，后来他还获得了“全国机械工业职工楷模”等殊荣。

植树造林的潘从正

潘从正，河南省宁陵县人，河南省植树造林英雄。出生于贫寒人家的潘从正在新中国成立以后，开始担任河南省宁陵县石桥乡民政员（属不脱产干部），主抓林业等工作。

宁陵县的万庄村一直饱受风沙之苦，当地的百姓迫切要求改变风沙造成的贫困状况。担任宁陵县石桥乡民政员的潘从正便带领着当地的群众大力植树。当时石桥乡的经济紧张，无法拨出款项为他们买树苗，于是潘从正就带领着村民到处捡拾树种，他肩上搭着布袋，怀里揣着桑剪，走遍了周围几十里路的村庄和城镇。只要看见一棵树他就跑过去，将掉落在树下的种子一颗颗地装进自己的布袋里带回家去，在自家的屋前屋后精心地培育它们。遇到农村赶集之时，他就在水果摊前守着，专捡人家吃水果而吐出来的果核。有时候，他还上一些家里种树的人家，为对方的树施肥，条件是这些树开春发了杈时，分些树根给他。

日如一日，年复一年，潘从正就这么执著地捡树种，育树苗。为了培育树苗，潘从正的家被他变成了一个苗圃。他将自己捡回来的种子、向人家要的树根，全都育在了家里，家里的坛坛罐罐、麻包、布袋，都撒上了种子，插上了树根。连房前屋后巴掌大的地方，也都铺上粪用来沤种。当妻子向他抗议时，他总是用笑带过，还叫妻子不要生气，说："要吃饱饭，还得先造林。"

经过潘从正和村民们的努力，几年后，万庄村开始有了一片片茂密的树林。1956 年，当地政府和人民为了感谢潘从正植树造林的贡献，选举他为河南省的农业劳动模范。

在 1958 年的秋天"大跃进"和接下来的三年困难时期，潘从正和当地村民辛辛苦苦种植的树木被砍伐殆尽。风沙从万碧风口无遮无拦地呼啸而入，麦苗被连根拔走，大片大片农田眼看着变成了沙丘起伏的荒滩。这个时候，很多人都已经失去了信心，可是潘从正没有半点的退缩之意。他辞去了在乡政府的工作，离开了村子，跑到清水河畔找了一块沙地，建了一个大队苗圃，并且在苗圃边上挖了一个地窨子，铺上茅草，搬来铺盖，在那住下了。除了逢年过节回趟家外，其他的时间都待在这里。

有一次，晚上风沙特别大，可是潘从正睡得迷迷糊糊的，没有发现。等他醒过来时，才发现自己的身上已经盖了一层厚厚的沙土了。此时，他才连忙翻身起来拱门，没想到地窨子已给沙堆封死了，潘从正花了好大的力气才扒开沙层爬了出来。妻子得知此事之后，就搬到苗圃和潘从正做伴。从妻子到那以后，苗圃就变得有些生气了，因为妻子不仅带来了锅碗瓢盆，还带来了羊羔、小猪仔和一条狗。夫妻二人就在那里开始了他们的育苗生活。一年后，他们育出的树苗终于可以栽植了。

1962 年，村大队组织村民将几万株幼树移栽到万碧风口。此时，潘从正兴奋不已。那些树苗就像他的孩子一样，现在孩子们终于有了用武之地了。

1964 年，《河南日报》以《老坚决》为题，报道了潘从正坚持植树造林的事迹，从此以后潘从正这个"老坚决"的名号就被大家叫开了。

1965 年，万碧风口已经有了一道绿色的防风固沙的屏障了。在这道上层为高大的泡桐、杨树，中层是酥梨、苹果等果树，下层是密密麻麻的紫穗槐的屏障保护之下，原来废弃的700多亩飞沙地又开始种上了庄稼，大队小麦平均亩产量由1960年的80斤上升为200多斤。

而此时，潘从正也搬出了那个地窨子，搬进了新盖的三间瓦房里去了。由于集体的支持，苗圃的面积也扩大到了30亩，也增加了几个青年人。由于他们将苗圃搞得有声有色，每天都有附近或是外县的人慕名前来购买树苗。他们的苗圃开始为集体创富了。

1966年，“文化大革命”开始了，“四人帮”的嚣张气焰烧到万庄村，万碧风口刚建起的防护林也被毁于一旦。潘从正看到自己辛辛苦苦种下的树，一棵棵被毁了，心里像万箭穿过般的疼痛，却又无可奈何。伤心过后，潘从正赶忙回到苗圃去，小心地保护着那片苗圃。

1967的一天，几个造反派冲进了潘从正的苗圃，他们一进苗圃就拔树苗。见此情景的潘从正一把冲上去护住树苗，并质问对方为何要拔树苗。这可惹怒了那些造反派，他们几个连推带搡地将潘从正架回村子，立即召开批斗大会。造反派说潘从正想搞“复辟”，说他建苗圃是“搞潘家场”，最后还强令潘从正“滚出苗圃”。身体健康本来就欠佳的潘从正听了这些话，气得双目失明，送到医院抢救了二十几天才慢慢地能看到人影。当眼睛好了以后，潘从正又要赶回苗圃。

儿子听潘从正说还要回苗圃，心里一阵难过，希望父亲回家，不要再去苗圃了。可是潘从正却坚持要回苗圃。由于他不听那些造反派的话，那些人就停发了他的口粮，不给他发工资，想以此来胁迫他退出苗圃。可是，他依然没有动摇自己的决心。在接下来的四年里，他吃的就是树叶或是野菜和妻子为他省下的口粮调成的糊。然而即使这样，他还不放弃，继续培育着那些树苗。苗圃里的青年纷纷走了，潘从正却依然没有挪过脚步，一个人独立支撑着那片苗圃。

有一天，他从苗圃地里刨出一批树苗，要扛到万碧风口去栽。妻子见到后怕他再惹上麻烦，于是连忙拦住他，对他说：“你疯啦！你会栽，人家不会砍？”谁知潘从正竟将肩上的树苗摔在了地上，大声地对妻子说：“你懂什么？他毁，俺栽，他再毁，俺再栽。俺要做给大伙看，到底谁正确！”气得妻子上女儿家去了。

不久，林彪反革命集团垮台了，破坏之风不再那么强烈，这时潘从正又开始活动起来了。他向公社提出再造防护林带的建议，得到了公社的支持，公社还派了二十几个由集体抚养的孤儿来协助他。

春天，潘从正拄着拐杖，带领着这二十几个孤儿开始了新一轮的植树造林。只是这一次的造林比前两次要难得多，因为上一次的林地破坏，使得用来种植防护林的林地多出了许多的树桩和树根。要清理掉这些东西非常不容易。潘从正一点一点地清理着林地，接着教孤儿们一起种树。幼树又在风口成排立了起来，可他还是嫌它们长得太慢，希望它们快点成林。然而愿望和现实的差距似乎有点大。从1975年11月下旬开始，"四人帮"大搞反击右倾翻案风。护林木的规章制度被攻击为资产阶级的"管、卡、压"，多灾多难的防护林带又一次遭到了大肆砍伐。这时候潘从正已经74岁了。

1976年10月，"四人帮"终于被粉碎了。

1978年年初，石桥公社党委决定，让潘从正领头，带领一批新招收的青年，在万碧风口营造更大规模的防风林带。这一次，潘从正终于可以踏踏实实地种树了。

儿子担心父亲的身体，便将潘从正接回家中，想让他在家里颐养天年。没想到潘从正半夜从床上爬起来跑回苗圃，儿子怕他没人照顾，只好让母亲也跟着父亲去了苗圃。当潘从正生病时，家人都劝其回家，可是他却始终不肯离开。就这样，这位老人一直坚守着自己植树造林的信念，为万碧风口，为国家，为子孙后代种了一辈子的树。

1989年，"老坚决"潘从正辞世，享年87岁。在其弥留之际，他将几个子女叫到了跟前，对他们说道："我爱了一辈子树，树是我的命根子。我是不行了。你们要记住我的话：树是咱家的传家宝，传家宝说啥也不能丢，要一代一代地传下去。你们不仅要管好林场，还要多修桥、多补路……"说完便离开了人世。

在潘从正过世之后的第二年春天，石桥乡的当地群众为了纪念他，为他修建了一座纪念碑。他们还请同潘从正有深切情谊的穆青写了碑文，碑文如下：

长眠在这里的是一位普通的农民。他名叫潘从正，人称“老坚决”。他在世87年，却有半个世纪抛家离舍同妻子住在沙荒地培育苗圃，植树造林。风沙曾掩埋过他，断粮几乎使他送命，病了他不肯离开，老了还趴在地上拖着土袋修了50米坡路。他千辛万苦栽培的苗圃和防护林，历经劫难，几起几落，但他并不气馁。他说：“他毁，俺栽；他再毁，俺再栽。俺是为国家，为子孙后代！”此处原有棵老柿树，年年都挂果，纵是压弯了腰也硬撑着。他常常夸这柿树不偷懒，说人生也是一棵树，也应该多结果。老柿树移栽别处后，他对家人说：“我老了，就埋在这里。”如今，他的遗愿实现了。经他培育的树苗已经绿满了宁陵大地，2000米长的防风林堵住了万碧风口，2000亩风沙地也已变成良田。人们将永远怀念他。你看，那高大的树干，是他坚实的身影；雪白的梨花，是他高洁的灵魂；绿色的风涛，是他爽朗的笑声；郁郁葱葱的林带，是他生命长青的丰碑……他默默奉献的一生，是我国一代农民的风范。他为国家为人民缀网劳蛛的精神将永远激励后人。历史将会证明，他比我们更年轻。

中国铁路之父詹天佑

詹天佑，中国首位铁路工程师，负责修建了“京张铁路”等工程，有“中国铁路之父”之称。

1861年4月26日，詹天佑出生在一个普通茶商家庭。少年时的詹天佑对机器十分感兴趣，常和邻里孩子一起，用泥土仿做各种机器模型。有时，他还偷偷地把家里的自鸣钟拆开，摆弄和琢磨里面的构件，提出一些连大人也无法解答的问题。1872年，年仅12岁的詹天佑到香港报考清政府筹办的“幼童出洋预习班”，考取后，父亲在一张写明“倘有疾病生死，各安天命”的出洋证明书上画了押。

从此，他辞别父母，怀着学习西方“技艺”的理想，来到美国就读。在美国，出洋预习班的同学们，目睹北美西欧科学技术的巨大成就，对机器、火车、轮船及电讯制造业的迅速发展赞叹不已。有的同学由此对中国的前途产生悲观情绪，詹天佑却怀着坚定的信念说："今后，中国也要有火车、轮船。"他怀着为祖国富强而发奋学习的信念，刻苦学习，于1877年以优异的成绩毕业于纽海文中学，同年5月考入耶鲁大学土木工程系，专攻铁路工程。在大学的四年中，詹天佑刻苦学习，以突出成绩在毕业考试中名列第一。1881年，在120名回国的中国留学生中，获得学位的只有两人，詹天佑就是其中的一个。

回国后，詹天佑满腔热忱地准备把所学本领贡献给祖国的铁路事业。但是，清政府洋务派官员迷信外国，在修筑铁路时一味依靠洋人，竟不顾詹天佑的专业特长，把他差遣到福建水师学堂学驾驶海船。1882年11月又被派往旗舰"扬武"号担任驾驶官，指挥操练。

1883年，中法战争爆发，第二年，蓄谋已久的法国舰队陆续进入闽江，蠢蠢欲动。可是主管福建水师的投降派船政大臣何如璋却不闻不问，甚至下令："不准先行开炮，违者虽胜亦斩！"这时，詹天佑便私下对"扬武"号管带（舰长）张成说："法国兵船来了很多，居心叵测。虽然我们接到命令，不准先行开炮，但我们决不能不预先防备。"由于詹天佑的告诫，"扬武"号十分警惕，做好了战斗准备。

当法国舰队发起突然袭击时，詹天佑冒着猛烈的炮火，沉着机智地指挥"扬武"号左来右往；避开敌方炮火，抓住战机用尾炮击中法国指挥舰"伏尔他"号，使法国海军远征司令孤拔险些丧命。

这次海战后，詹天佑被派到黄埔水师学堂任教习。

1888年，詹天佑由老同学邝孙谋的推荐，到中国铁路公司任工程师。被湮没了7年之久的詹天佑终于有机会献身于祖国的铁路事业。此时正值天津－唐山铁路施工，他不愿久居天津，于是亲临工地与工人同甘共苦，结果只用80天的时间就竣工通车了。但李鸿章却以英人金达之功上奏，并提升金达为总工程师。詹天佑之功就这样被剽窃了。

1890年，清政府又修关内外铁路（今京沈铁路），以金达为总工程师。1892年工程进行到滦河大桥，许多国家都想兜揽这桩生意，金达当然以英人为先，但英人喀克斯以建不成桥而失败。日本、德国的承包者也都遭失败。由于交工期限将至，金达才不得不求助于詹天佑。詹天佑详尽分析了各国失败原因后，与工人一起，实地调查、测量。夜晚，借着幽暗的油灯，他又仔细研究滦河河床的地质构造，反复分析比较，最后才确定桥墩的位置，并且大胆决定采用新方法——“压气沉箱法”来进行桥墩的施工。滦河大桥建成了。这件事震惊了世界：一个中国工程师居然解决了三个外国工程师无法完成的大难题。1894 年英国工程研究会选举詹天佑为该会会员。

此后，詹天佑又领导了京津路、萍醴路（萍乡至醴陵）等铁路的建设。

1902 年，袁世凯下令修建新易铁路，并要求在 6 个月内完成。詹天佑彻底抛弃了当时外国人必须在路基修成之后风干一年才可铺轨的常规，仅用 4 个月的时间就以极省的费用建成新易铁路。这大大鼓舞了中国人自建铁路的信心，为后来京张铁路的修筑打下良好基础。

1905 年，清政府决定兴建京张铁路（北京至张家口），张家口为北京通往内蒙古的要冲，南北旅商来往之孔道，向来为兵家所必争，因此京张铁路就有着重要的经济价值和政治价值。英俄都想插手，但由于中国人民的强烈反对，他们的企图没能得逞。英俄使臣以威胁的口吻说：“如果京张铁路由中国工程师自己建造，那么与英俄两国无关。”他们原以为这么一来，中国就无法建造这条铁路了。在这关键时刻，詹天佑毫不犹豫地接下了这个艰巨的任务，全权负责京张铁路的修筑。

1905 年 5 月，京张铁路总局和工程局成立，以陈昭常为总办，詹天佑为会办兼总工程师（1906 年詹天佑又升为总办兼总工程师）。

消息传来，一些帝国主义分子及英国报刊挖苦说：“中国能够修筑这条铁路的工程师还在娘胎里没出世呢！中国人想不靠外国人自己修铁路，就算不是梦想，至少也得五十年。”他们甚至攻击詹天佑担任总办兼总工程师是“狂妄自大”“不自量力”。詹天佑顶着压力，坚持不任用一个外国工程师，并表示：“中国地大物博，而于一路之工必须借重外人，我以为耻！”“中国已经醒过来了，中国人要用自己的工程师和自己的钱来建筑铁路。”

1905 年 8 月，京张铁路正式开工，紧张的勘探、选线工作开始了。詹天佑亲自带着学生和工人，背着标杆、经纬仪，日夜奔波在崎岖的山岭上。一天傍晚，猛烈的西北风卷着沙石在八达岭一带呼啸怒吼，刮得人睁不开眼睛，测量队急着结束工作，填了个测得的数字，就从岩壁上爬下来。詹天佑接过本子，一边翻看填写的数字，一边疑惑地问：“数据准确吗？”

“差不多。”测量队员回答说。

詹天佑严肃地说：“技术的第一个要求是精密，不能有一点模糊和轻率，‘大概’‘差不多’这类说法不能出自工程人员之口。”接着，他背起仪器，冒着风沙，重新吃力地攀到岩壁上，认真地重新勘测了一遍，修正了一个误差。当他下来时，嘴唇已经冻青了。

不久，勘探和施工进入最困难的阶段。在八达岭、青龙桥一带，山峦重叠，陡壁悬岩，要开4条隧道，其中最长的达1000多米。詹天佑经过精确测量计算，决定采取分段施工法：从山的南北两端同时对凿，并在山的中段开一口大井，在井中再向南北两端对凿。这样既保证了施工质量，又加快了工程进度。凿洞时，大量的石块全靠人工一锹锹地挖，涌出的泉水要一担担地挑出来，身为总工程师的詹天佑毫无架子，与工人同挖石、同挑水，一身污泥一脸汗。他还鼓舞大家说：“京张铁路是我们用自己的人、自己的钱修建的第一条铁路，全世界的眼睛都在望着我们，必须成功！”“无论成功或失败，绝不是我们自己的成功和失败，而是我们国家的成功和失败！”为了克服陡坡行车的困难，保证火车安全爬上八达岭，詹天佑独具匠心，创造性地运用“折返线”原理，在山多坡陡的青龙桥地段设计了一段人字形线路，从而减少了隧道的开挖，降低了坡度。列车开到这里，配合两台大马力机车，一拉一推，保证列车安全上坡。

1906年9月30日第一段工程全部通车，第二段工程同时开始。难关就在第二段，首先必须打通居庸关、五桂头、石佛寺、八达岭四条隧道，最长的八达岭隧道全长1092米。这不仅要有精确的计算和正确的指挥，还要有新式的开山机、通风机和抽水机。前者对詹天佑都不成问题，而后者当时中国全都没有，只有靠工人的双手，其困难程度可以想见。但他们硬是克服了重重困难，终于在1908年9月完成了第二段工程。

第三段工程的难度仅次于关沟，首先遇到的是怀来大桥，这是京张路上最长的一座桥，它由7根300多米的钢梁架设而成。由于詹天佑正确地指挥，及时建成。1909年4月2日火车通到下花园。下花园到鸡鸣驿矿区岔道一段虽不长，工程极难。右临羊河，左傍石山，山上要开一条20米深的通道，山下要垫高3.5公里长的河床。詹天佑即以山上开道之石来垫山下河床。为防山洪冲击路基，又用水泥砖加以保护，胜利完成了第三段工段。

詹天佑对全线工程曾提出“花钱少，质量好，完工快”三项要求。京张铁路经过工人们几年奋斗，终于在1909年9月全线通车。原计划6年完成，结果只用了4年就提前完工，工程费用只及外国人估价的五分之一。一些欧美工程师乘车参观后啧啧称道，赞誉詹天佑了不起。但詹天佑却谦虚地说：“这是京张铁路一万多员工的力量，不是我个人的功劳，光荣是应该属于大家的。”京张铁路建成后，詹天佑又继任了粤汉铁路督办兼总工程师。

这时，美国决定授予他工科博士学位，要他亲自去美国参加授衔仪式。为了全力参加祖国铁路建设，他放弃了这一荣誉。

辛亥革命后，詹天佑为了振兴铁路事业，和同行成立了中华工程学会，并被推为会长。这期间，他对青年工程技术人员的培养倾注了大量心血，他除了以自己的行为作出榜样外，还勉励青年“精研学术，以资发明”，要求他们“勿屈己徇人，勿沽名而钓誉。以诚接物，毋挟褊私，圭璧束身，以为范例”。

詹天佑从事铁路事业30多年，几乎和当时我国的每一条铁路都有不同程度的关系。周恩来同志曾高度评价詹天佑的功绩，说他是“中国人的光荣”。

京张铁路建成后，詹天佑获宣统赐工科进士，任留学生主试官等职。1910年，任广东商办粤汉铁路总公司总理兼工程师，1912年兼任汉粤川铁路会办，负责兴建粤汉及川汉铁路。此后一直定居在汉口俄租界的鄂哈街9号（今洞庭街51号）。民国成立后，于1913年获政府委任为交通部技监，1914年获颁授二等宝光嘉禾章。1916年，获香港大学颁授荣誉法学博士学位。1919年初，受命往海参崴和哈尔滨任协约国监督远东铁路会议中国代表。

1919年4月詹天佑因病回汉口，4月24日病逝，终年59岁。詹天佑逝世后和他的妻子一起被埋葬在京张路青龙桥火车站附近。1922年青龙桥火车站竖立詹天佑铜像。1987年，附近建成了詹天佑纪念馆。

2005年，在纪念京张铁路100周年之际，张家口火车南站的站前广场，建起了一座詹天佑塑像。

历经艰辛撰《水经注》的郦道元

郦道元大约出生于466或472年，卒于527年，字善长，北魏范阳（今河北省涿县）人。他出生于官宦世家，先后在平城（北魏首都，今山西省大同市）和洛阳（公元493年北魏首都南迁到这里）担任过骑都尉，御史中尉和北中郎将等中央官史，并且多次出任地方官，做过冀州（今河北省冀县）长史，鲁阳郡（今河南省鲁山县）太守，东荆州（今河南省唐河县）刺史，河南（今洛阳）尹等职务。他一生对我国的自然、地理作了大量的调查、考证和研究工作，并且撰写了地理巨著——《水经注》，为我国古代的地理科学作出了重大的贡献。

郦道元从少年时代起就爱好游览。他跟随父亲在青州时候，曾经和友人游遍山东。做官以后，他到过许多地方，每到一个地方，都要游览当地名胜古迹，留心勘察水流地势，探溯源头，并且在余暇时间阅读了大量地理方面的著作，逐渐积累了丰富的地理学知识。

《水经》一书写于三国时期，是一部专门研究河流水道的书籍，共记述全国主要河流137条。原文1万多字，文字相当简略，没有把水道的来龙去脉和详细情况说清楚，而且由于时代更替，城邑兴衰，有些河流改道，名称也变了，但书上却未加以补充和说明。郦道元认为，应该在对现有地理情况的考察基础上印证古籍，然后把经常变化的地理面貌尽量详细、准确地记载下来，于是郦道元决定亲自给《水经》作注，因而他写的那本书便叫做《水经注》。

为了写《水经注》，除了进行实地考察和调查研究外，郦道元阅读了400多种有关的书籍，查阅了所有地图，研究了大量文物资料，还亲自到实地考察，核实书上的记载。郦道元在《水经》的基础上补充了许多河流，经过他注释以后，在《水经注》中大小河流有1252条，文字总数共30多万字，比原著增加20倍。《水经注》中记述了各条河流的发源与流向，各流域的自然地理和经济地理状况，以及火山、温泉、水利工程等。这部书文字优美生动，也可以说是一部文学著作。由于《水经注》在中国科学文化发展史上的巨大价值，历代许多学者专门对它进行研究，形成一门“郦学”。

在《水经注》中，郦道元所记述的内容包括了全国各地的地理情况，还记述了一些国外的地理情况，其涉及地域东北至朝鲜的坝水（今大同江），南到扶南（今越南和柬埔寨），西南到印度新头河（今印度河），西至安息（今伊朗）、西海（前苏联咸海），北到流沙（今蒙古沙漠）。可以说，《水经注》是对北魏之前中国及其周围地区的地理学的总结。

郦道元在写《水经注》时，突破了《水经》只记河流的局限。书中以河流为纲，不仅详述了每条河流的水文情况，而且把每条河流流域内的其他自然现象如地质、地貌、地壤、气候、物产民俗、城邑兴衰、历史遗迹以及神话传说等综合起来，做了全面描述，并且具有明确的地理方位和距离的观念。

郦道元一生著述很多，除《水经注》外，还有《本志》十三篇以及《七聘》等著作，但是流传下来只有《水经注》一种。

纺织革新家黄道婆

黄道婆，棉纺织家。生于南宋末年淳祐年间（约公元1245年），松江府乌泥泾镇（今上海徐汇区东湾村）人。黄道婆出生之时，正是宋元更替、兵荒马乱之际。蒙古军队锋芒直指临安，山河破碎的南宋王朝，君庸臣腐，只顾自己享乐，而置黎民百姓于不顾。当时，连原本富庶的江南地区也变得落魄不堪。

黄道婆出生前后，她的家乡便从闽广地区学到了棉花种植技术。首先在乌泥泾一个名叫“八千亩”的地方播下了棉种。到了黄道婆记事的时候，棉花种植已经普及浙江、江苏、江西、湖南等地，不少妇女学会了棉花纺织技术。出身于贫苦农民家庭的黄道婆懂事后也开始学习纺棉。可是，当时的纺棉技术还很落后，纺织的效率非常的低。

后来，在生活的重压下，黄道婆十二三岁就被卖给人家当童养媳。白天她下地干活，晚上她纺织布到深夜，还要遭受公婆、丈夫的非人虐待。沉重的苦难摧残着她，也磨炼了她，有一次，黄道婆被公婆、丈夫一顿毒打后，又被关在柴房不准吃饭，也不准睡觉。因无法再忍受这种非人的虐待，黄道婆决心逃出去另寻生路。是夜，黄道婆在柴房的房顶上掏了一个洞逃了出来，躲在一条停泊在黄浦江边的海船上。然后随船到了海南岛的崖州，即现在的海南崖县。这一年是南宋理宗景定四年（公元1263年）。

在封建社会，一个从未出过远门的年轻妇女只身流落异乡，人生地疏，无依无靠，面临的困难可想而知。但是淳朴热情的黎族同胞十分同情黄道婆的不幸遭遇，接受了她，让她有了安身之所，并且在共同的劳动生活中，还把他们的纺织技术毫无保留地传授给她。

当时黎族人民生产的黎单、黎饰、鞍塔闻名中原，棉纺织技术比较先进，黄道婆聪明勤奋，虚心向黎族同胞学习纺织技术，并且融合黎汉两族人民的纺织技术的长处，逐渐成为一个出色的纺织能手，在当地大受欢迎，和黎族人民结下了深厚的情谊。虽然在海南的生活比在家里的生活好得多，可是黄道婆一直在怀念自己的故乡。特别是随着年龄的增长，怀念故乡的情怀就更厉害了。

在元朝元贞年间，约1295年，黄道婆从崖州返回故乡，回到了乌泥泾。这时，距她离开这里已经有将近30年了。黄道婆重返故乡时，植棉业已经在长江流域大大普及，但纺织技术仍然很落后。她回来后，就致力于改进家乡落后的棉纺织生产工具，她把自己几十年丰富的纺织经验，精湛的织造技术，毫无保留地传授给故乡人民。

黄道婆不仅教家乡妇女学习黎族的棉纺织技术，而且还着手对纺纱工具进行改进，造出一套比较先进的纺织工具。当时淞江一带用的都是旧式单锭手摇纺车，功效很低，要三四个人纺纱才能供上一架织布机的需要。黄道婆就跟木工师傅一起，经过反复试验，把用于纺麻的脚踏纺车改成三锭棉纺车，使纺纱效率一下子提高了两三倍，而且操作也很省力。这种新式纺车很容易被大家接受，因而在淞江一带很快地推广开来。除此之外，她还改进了从海南带回的去籽搅车，弹棉椎弓等。

黄道婆回乡几年后就离开了人世，但她的辛勤劳动推动了当地棉纺织业的迅速发展。当时乌泥泾出产的被、褥、带、帨等棉织物，上有折枝、团凤、棋局、字样等各种美丽的图案，鲜艳如画。一时“乌泥泾被”不胫而走，附近地区竞相仿效。这些纺织品远销各地，很受欢迎，很快淞江一带就成为全国的棉织业中心，历几百年而不衰。16世纪初，当地农民织出的布，一天就有上万匹。18世纪乃至19世纪，淞江布更是远销欧美，获得了很高声誉。当时人们称淞江布匹为“衣被天下”。

1330年，黄道婆在故乡去世，松江人民感念她的恩德，在元顺帝至元年二年（公元1336年），为她建了一座祠堂，每年都去拜祭她。后来因为战乱，该祠被毁。元顺帝至正二十二年（公元1362年）乡人张守中重建此祠，并请王逢作诗纪念。明熹宗天启六年（公元1626年）张之象塑黄道婆之像于宁国寺。上海豫园内，有清咸丰时作为布业公所的跛织亭，供奉黄道婆为始祖。在黄道婆的故乡乌泥泾，至今还传颂着：“黄道婆，黄道婆，教我纱，教我布，二只筒子二匹布”的歌谣。

凿壁借光的匡衡

匡衡（生卒年不详），字稚圭，东海承（今山东临沂市苍山县匡王村人，另一说为：山东省枣庄市峄城区王庄乡匡谈村）人。西汉经学家，以说《诗》著称。元帝时位至丞相。

匡衡的仕途一开始并不平坦。根据汉朝规定，博士弟子掌握“六经”中的一经，即可通过考试获得官职，考试得甲科者，可为郎中，得乙科者为太子舍人，得丙科者只能补文学掌故。匡衡九次考试，才中了丙科，被补为太原郡的文学卒史。但匡衡对《诗经》理解之深，已为当时经学家们所推重，当时身为太子的汉元帝也对其深有好感。

汉元帝即位后，任用匡衡为郎中，迁为博士，给事中。这时，京城长安一带发生日蚀、地震等灾变，匡衡乘机上书，引用《诗经》表明上行而下效的道理，劝元帝“减宫室之度，省靡丽之饰，考制度，修内外，近忠正，远巧佞”，“任温良之人，退刻薄之吏，显洁白之士，昭无欲之路”，然后再在百姓中推广道德教化，弘扬礼让仁和之风。匡衡的奏疏得到元帝的赞赏，匡衡因此迁为光禄大夫、太子少傅。建昭三年（公元前36年）丞相韦玄成病逝，匡衡又代为丞相，封乐安侯，辅佐皇帝，总理全国政务。

匡衡，之所以能够位极人臣，跟他从小所养成的勤奋好学的习惯是分不开的。

匡衡小的时候很想读书，可是因为家里穷，没钱上学。后来，他跟一个亲戚学认字，才有了看书的能力。识字以后，匡衡天天想的就是怎样能弄到书来读，可是他家太穷，根本就买不起书，于是他就借书来读。那个时候，书是非常贵重的，有书的人不肯轻易借给别人。匡衡就在农忙的时节，给有钱的人家打短工，不要工钱，只求人家借书给他看。

过了几年，匡衡长大了，成了家里的主要劳动力。他一天到晚在地里干活，只有中午歇晌的时候，才有工夫看一点书，所以一卷书常常要十天半月才能够读完。匡衡白天种庄稼，没有时间看书，就想多利用一些晚上的时间来看书。可是匡衡家里很穷，买不起点灯的油，怎么办呢？

有一天晚上，匡衡躺在床上背白天读过的书。背着背着，突然看到东边的墙壁上透过来一线亮光。他走到墙壁边一看，原来从壁缝里透过来的是邻居的灯光。于是，匡衡拿了一把小刀，把墙缝挖大了一些。这样，透过来的光亮也大了，他就凑着透进来的灯光读起书来。这就是凿壁借光的故事。

转眼又到了秋天。家里的唯一一棵苹果树结满了又红又大的苹果，匡衡和母亲二人，舍不得吃这些苹果，全挑到街上去卖。匡衡一边看书，一边守着两筐苹果。这时，走来了一个中年人，看着果色不错，就全都买了下来，叫匡衡母亲送到镇上谢官人家。

“谢官人家要这么多苹果？”半路上匡衡好奇地问。

中年人笑着告诉匡衡，谢府可是大户人家，不仅有良田万亩，还有很多的书。原来中年男子是谢府的管家。

匡衡听他这么一说，顿时有了想法，要是能进谢府，就能看到很多的书了。于是，匡衡央求管家引荐他到谢府去当个佣人，以减轻母亲的负担。当然，他并没有告诉他，他其实更想的是去看那些书。

管家看他如此懂事，便满口应承下来。半个月后，匡衡当上了谢府的小佣人。他虽然人小体弱，干活却十分卖力。一大早，就把里里外外院子打扫干净，然后把客厅、内房收拾好。看看四周窗明几净、一尘不染后，他便去整理书房。整理书房是他一天中最快活的事，他轻手轻脚地，非常仔细地掸着灰尘，生怕一不小心书会逃掉似的。

到了领工钱的时候，匡衡却把这工钱全交还给了谢府的主人，当时，谢家主人非常好奇，问他为什么不要工钱。

匡衡便对谢家主人说："老爷，我家里穷，买不起书，可是我却非常想读书，您能否借几册书与我读，这工钱权作借书的租金，行吗?"

谢家主人看匡衡这么小，就有如此的求学精神，很是感动，他把工钱放回匡衡手中，还同意让匡衡工作之余到书房看书。不过要求匡衡不能弄坏、弄丢自己的书。

就这样，匡衡吃住在谢府，每天干完分内的活，就一头扎进书房，一本接一本拼命地读。长期下来，他读了很多很多书，学问越来越大，后来终于成了我国西汉时期著名的学者，并在朝廷担当重任。

匡衡任职期间，多次上疏陈述自己对朝廷政策的意见，陈述治国之道并经常参与研究讨论国家大事，按照经典予以答对，言合法义，博得元帝信任。每当朝廷大臣讨论政务时，匡衡总是引《诗经》为据，认为"六经者，圣人所以统天地之心，著善恶之归，明吉凶之分，通人道之意，使不悖于其本性者也。故审六经之指，则人天之望可得而和，草木昆虫可得而育，此永永不易之道也"。

汉元帝后期时，宦官石显为中书令，他结党营私，把持朝政，怂恿元帝加重赋役，剥削人民，但因有皇帝的宠幸，没人敢触犯他。汉成帝即位后，匡衡便上疏弹劾石显，列举其以前所犯罪恶，并纠举他的党羽，这是匡衡所做的最后一件铲除奸佞，为汉朝廷尽忠的事情。不久，匡衡与同僚间渐有离隙，被人弹劾，贬为庶民，返回故里，不几年，病死于家乡。

三过家门而不入的大禹

大禹是鲧的儿子，又名文命，字高密。尧时大禹被封为夏伯，故人又称其为夏伯禹。

尧在位的时候，黄河流域发生了很大的水灾，老百姓的土地和房子全都被洪水冲毁了，老百姓只好往高处搬。尧召开部落联盟会议，商量治水的问题。最后各部落的首领一致推选鲧去治理洪水。鲧是夏后氏的首领，办事果断但刚愎自用。他花了九年时间治水，不仅没有把洪水制服，反而越来越凶。

后来，尧退位，舜接替尧当部落联盟首领。舜成为联盟首领后，亲自到治水的地方去考察。他发现鲧办事不力，就把鲧杀了。鲧死后，大水依旧时时威胁着人们的生活。在一次部落联盟议事会上，舜问四岳："有谁能做治理水患的官?"

四岳说："伯禹担任司空（即司工，管理工程的官)，治理水患一定能成功。"舜感叹了一番后，就任命禹负责治水。

禹接受治水后，深知要完成这一事业，非一人之力所能办到。因此向舜提出请求，邀请契、后稷、皋陶三位氏族酋长协助他管理治水的事，舜欣然同意。后来禹又邀请了益（即伯益）参加治水。禹所邀请的这些氏族酋长，在部落联盟议事会中都有职务。契就是后来商族的始祖，他担任掌管教化的司徒；后稷就是后来周族的始祖，他担任农官；皋陶是少昊氏的后代，他担任狱官；益是后来秦国的祖先，他担任掌管山林鸟兽的虞官。禹首先邀请这些各有专长的酋长们共同领导治水，然后再发动洪水泛滥地区的各氏族、部落的人，组成治水的主力，这就比鲧那种自恃其能、单干独行要强得多。

禹反复总结了父亲鲧治水失败的经验教训，放弃了筑堤堵水的方法，改用疏导的办法。他亲自带领大家去勘察高山、大河，树立各种标记，把什么山应治理，什么河应疏导都一一记下。勘测清楚洪水区的自然山势和水流以后，禹就根据地形的高低，疏通河道，排除积水，让洪水顺着河道宣泄，流向大海；又在一些低地，洼谷，聚积一定水量，在需要的时候，有丰富的水源供百姓使用，老百姓可以耕种农田，放养牲畜。就这样，经过13年的努力，水害终于变成了水利，黄河变得温驯了，两岸的平原上遍布着良田，成为人民安居乐业的好地方。

禹不仅才智过人，更为可贵的是，他舍得牺牲自己的利益，勤苦耐劳，去为天下人谋利益，一心扑在治水事业上。他新婚的第四天就离家去参加治水。13年中，他路过家门三次，却没有进去看一眼。

禹是治水的领导者。但在整个治水过程中，他每天亲自参加劳动。十几年的风吹日晒，使禹又黑又瘦，十几年的水中劳作，把禹腿上的汗毛都给磨光了。他穿的是粗劣的衣服，吃的是粗糙的饭食，经常是头上束发的簪子、帽子掉在泥水里，他都顾不上拾起来。

禹就是这样一个以身作则、吃苦耐劳、一心为公的人，他领导着中原地区各氏族部落的人民，经过13年的奋斗终于制服了滔滔洪水。舜喜出望外，召集了华夏部落联盟的酋长们，开了一次庆功大会，会上举行了隆重的祭祀仪式，并给禹颁赐玄圭。玄圭是用黑色的玉石琢磨而成的上尖下方的礼器，受赐的人将它捧在手中，象征立了丰功伟绩，应受人们的敬意。从那时起，人们就满怀敬意地把“禹”称为“大禹”了。

劳动是人类文明进步的源泉。通过劳动，人类从愚昧无知的远古走向现代文明。当今世界，经济、政治、文化等各方面的发展，越来越依赖于知识、人才和创造的力量，而这一切最终都要靠劳动来实现。因此，热爱劳动、尊重劳动应该成为全社会的道德共识。然而随着物质生活条件的改善和不良思想的影响，有些人却滋生了好逸恶劳的思想，污染社会风气，阻碍社会向前发展。因此，青少年一定要去除这种思想，坚持劳动。不管是脑力劳动，还是体力劳动，只要为社会创造价值，服务于人民，就是光荣的。每一个劳动者都该得到承认和尊重。而那些好逸恶劳者，则应当受到谴责和鄙视。

第五章 以团结互助为荣 以损人利己为耻

从前，有一位老人，他快要死了，但是仍然很担心他的三个儿子，因为他们平时总是争吵，不够团结，他担心自己死后他们就更加不相互关心爱护了。于是，老人将三个儿子叫到自己的病床前，并让他们准备一把筷子，儿子们虽然不解，但是他们还是照老人的吩咐做了。

老人看了看三个儿子，然后让他们一人从一把筷子中取出一根，并将其折断。兄弟三人面面相觑，不知道老父为何要这么做。不过他们还是在父亲的催促下，轻而易举地将筷子折断了。父亲问他们："折断一根筷子，容易吗?"

兄弟三人答道："很容易。"

"那好，你们试试折十双筷子，看是不是还是那么容易。"说着将一把筷子递给儿子。大儿子接过筷子，试了试，发现自己根本就折不断筷子。二儿子和小儿子也相继试了试，结果和他们的大哥一样，都无法将筷子折断。

这时候老人告诉儿子说："一根筷子轻轻被折断，十双筷子牢牢抱成团。这就是我要送给你们的最后遗言。你们要记住只要你们兄弟三人团结一心，什么都难不倒你们。"说完老人就离世了。兄弟三人恍然大悟父亲的良苦用心，后来，这三兄弟按照老人的教诲，团结一心、同舟共济，很快都出人头地，建立了各自幸福的家庭。成家后，他们兄弟团结、妯娌和睦，成为远近的一段佳话。

全民救灾众志成城

北京时间2008年5月12日14时28分，四川汶川县发生8.0级地震，造成巨大的人员伤亡和财产损失。汶川大地震是中国1949年以来破坏性最强、波及范围最大的一次地震，地震的强度、烈度都超过了1976年的唐山大地震。

2008年05月12日15时32分，中央电视台首条报道灾情视频；

2008年05月12日15时43分，国家地震应急救援预案启动；

2008年05月12日15时55分，温家宝总理赶赴灾区；

2008年05月12日16时52分，国家地震灾害紧急救援队首批约40人赴四川灾区；

2008年05月12日18时28分，2900名武警紧急赶赴四川汶川地震灾区；

2008年05月12日18时31分，成都空军派遣直升机赶赴灾区勘察灾情；

2008年05月12日18时32分，四川省委书记批示要求灾区干部组织抗震救灾；

2008年05月12日18时44分，成都军区5000官兵紧急开往汶川地震灾区；

2008年05月12日19时22分，温家宝总理抵达成都，赶往地震灾区；

2008年05月12日19时33分，中国红十字会向灾区调拨价值78万余元救灾物资；

2008年05月13日09时20分，波音737载空降兵赴灾区，武警官兵徒步抵达汶川；

2008年05月13日10时19分，卫生部组织1000多人应急医疗队伍赶赴灾区；

……

我们无法一一列举地震发生之后，所有发生的事情，但是我们知道的是，地震发生之后——国家领导人第一时间赶到了灾区，新闻工作者第一时间赶到了现场进行报道，医务人员第一时间开始准备救助伤员，武警战士第一时间赶赴救援，地震后能够行动的震区人民第一时间开始帮助身边的人，志愿者第一时间送去了食物和水，各地的人民开始自发地捐款，各献血站内站满了为灾区献血的人，各友好国领导人也致电表示慰问，各国开始为地震灾区捐款，截至 8 月 11 日 12 时全国共接收国内外社会各界捐赠款物总计 592.73 亿元……

之后，全国 21 各对口支援省、市、自治区——上海、湖南、黑龙江、山西、内蒙古、河北、江苏、北京、辽宁、山东、吉林、河南、广东、福建、天津、安徽、江西、广西、浙江、湖北、海南等省市都积极行动起来，灾区人民感受着全国各族人民的支持与关爱。

在这场大地震中我们看到了团结的力量，这些力量让我们感动。

聚源中学、北川一中、青川一中、汉旺镇中学……在四川汶川大地震中，这几所中学的受灾情况让所有的人都感到震撼，它们带给人们的痛恐怕永远也无法消除。然而，也是在这里，我们看到了众多的人民教师，在最危难的一刻，用自己的无私无畏向世人展示着他们的良知，用他们的爱，护住了多少祖国的花朵，是他们奏响了荡气回肠的生命赞歌。让我们记下他们的名字：

1．谭千秋

13 日 22 时 12 分，救援人员扒出了德阳市东汽中学教导主任谭千秋的遗体。只见他双臂张开趴在一张课桌上，死死地护着桌下的 4 个孩子。孩子们得以生还，而他们的谭老师却去了天堂……

2．严蓉

映秀小学老师严蓉，在救下了 13 个学生后永远离开了人世，留下了一个只有一岁半的女儿。

3．张米亚

当汶川县映秀镇的群众徒手搬开垮塌的镇小学教学楼的一角时，被眼前的一幕惊呆了：一名男子跪扑在废墟上，双臂紧紧搂着两个孩子，两个孩子还活着，而他已经气绝！由于紧抱孩子的手臂已经僵硬，救援人员只得含泪将之锯掉才把孩子救出。这就是该校 29 岁的老师张米亚，用血肉之躯为他的学生牢牢把守住了生命之门。

4. 张辉兵

当张辉兵老师的遗体被找到的时候，人们发现他的两只手臂，都指向了逃生大门的方向。被他营救出来的孩子告诉大家，地震发生之时，张老师正在二楼的讲台上，距离房门只有一步之遥。发现地震之后，张老师立即叫孩子们往外跑，并用双手撑开房门，将孩子们一个一个地往外推。等十来个同学跑出一楼之后，整幢教学楼就塌了下来，张老师却倒在了房门之下。

5. 汤宏

四川什邡市红白镇中心学校的教学楼在地震中坍塌，师生伤亡严重。地震发生时，他所教的班级位于一楼，完全可以逃脱，但他却选择留下来救护孩子。汤老师最后的姿势定格在这样的画面上——两个胳膊下各抓了一个孩子，身子下还护着几个孩子。被他用血肉之躯护住的孩子们幸运地活了下来，他却在瓦砾中永远沉睡了。

6. 苟晓超

5 月 12 日下午，四川省巴中市通江县洪口镇永安坝村小学 24 岁的教师苟晓超，一如往常值守在三楼教室里。突然，整栋教学楼开始晃动、颤抖。他几乎是本能地大喊："同学们，赶快跑！"几乎同时，他冲到阳台上，大声呼叫其他班的老师和学生。

大部分学生从午睡之中被突然惊醒后，都迷迷糊糊不知所措。苟晓超一边喊学生快跑，一边抱起一名学生就往楼下冲。到了楼下，把孩子放下，来不及喘一口气，立即返身冲上三楼。他又抱起两名学生，向楼下冲去。当他再一次冲到三楼，再一次抱起两名学生，再一次向楼下冲去时，顶楼轰然倒塌。被苟晓超抱下楼去的学生得救了。然而，苟晓超被垮塌的混凝土和砖块砸断双腿，胸部也受到了重伤，倒在血泊之中……

学校其他教师和村民立即实施救援。当苟老师看到有人准备搬自己身上的砖块和混凝土时，他居然阻止救援人员对自己的救援，一边断断续续地告诉他们，自己恐怕不行了，快救学生，一边还用手指着顶楼告诉救援人员“上面还有学生”。

被救援人员救出的苟老师，因伤势过重，在被紧急送往县医院的途中，轻轻地闭上了双眼。

7. **向倩**

在5. 12震灾中，龙居小学教学楼坍塌，上百师生被埋于废墟下。救援人员在清理废墟、抢救被埋师生过程中，见到向倩老师的身体被砸成了三段，而她双手环绕着，将三名学生紧紧搂于胸前，用自己的身体保护了这三名学生。

8. **瞿万容**

汶川地震发生后，遵道镇欢欢幼儿园发生整体垮塌，而此时80多名孩子正在午睡。当时园长外出，只有5名老师在园内，而瞿万容老师正是其中之一。

救援人员第一时间赶到了这里，当救援人员找到了瞿万容老师的时候，她正扑在地上，用后背牢牢地挡住了垮塌的水泥板，怀里还紧紧抱着一名小孩。小孩获救了，但瞿老师却永远离开了我们。

9. **杜正香**

5月14日10时，震后第三天，当解放军官兵掀开因地震而完全坍塌的绵阳市平武县南坝小学的一根钢筋水泥横梁时，眼前的一幕震撼了在场的每一个人——一位死去多时的女老师趴在瓦砾里，头朝着门的方向，双手紧紧地各拉着一个年幼的孩子，胸前还护着三个幼小的生命。她用自己的肩膀为孩子们挡住了坠落的横梁。杜老师以生命守护的五个孩子最终没能生还，这可能是她唯一的遗憾。

10. **吴忠洪**

2008年5月12日下午，崇州怀远中学教学楼发生垮塌事件，在突如其来的灾害面前，该校700多名师生绝大多数顺利脱险，吴忠洪老师本已逃生，为救两名学生义无反顾地返身冲进正猛烈摇晃的教学楼内，最后把生命埋在了轰然倒塌的楼房中。

11. **汤鸿**

2008年5月12日，地震发生之时，汤鸿正在为学生排练迎“六一”儿童节的舞蹈节目。发现险情后，汤鸿立刻带着学生们从楼梯疏散，但走到一楼转角处，整个房子全部塌下来，那一瞬间，汤鸿紧紧地把孩子搂在臂弯里。她的尸体被找到时，呈俯身姿势趴在那面墙的角落里。她怀里的3个孩子有2个活了下来。

……

2008年5月14日12时20分，15名空降兵写下遗书从4999米的高空一跃而下，最终成功伞降茂县，并在第一时间首次传回了茂县灾情。而这些空降兵平时训练中只需在数百米高度跳伞。这是空军首次在高原复杂地域，无地面指挥引导、无地面标识、无气象资料条件下运用伞降方式参加抗震救灾，这15名将生死置之度外的抗震勇士，在抗震救灾中显示了人民子弟兵的大无畏精神。

四川省彭州市公安局女民警蒋敏，在确认自己父母和2岁女儿等10位亲人不幸遇难后，仍然坚守在抗震救灾工作岗位上，没有回家看一下。她说对亲人最好的纪念，就是和活着的人一起战斗，相信其他人也和她一样，会把别人的父母、子女都当成自己的亲人。后来蒋敏因心理和身体极度疲惫血压太低而突然昏倒在地，但是输液后她再次挣扎着出现在抗震第一线。

2008年5月12日地震发生时，300多名学生正在蓥华中学教学楼里上课。地震发生9个小时后，第一批抢险车辆的灯光，照亮了漆黑的蓥华镇。谁也不知道倒塌的大楼里究竟埋了多少个孩子。武警官兵到达现场时，废墟下面传来清晰的求救声。

武警们立即着手清理建筑碎渣，然后按照板、梁、柱的顺序用吊车吊开大楼主架，最后用手把孩子们扒出。武警们小心翼翼的，终于把16个孩子都救了出来。第16个获救者是15岁的初二女生。对她的营救整整持续了35个小时，仅为研究营救方案就开了三次现场会，因为她埋得太深了——五层的教学楼废墟中，她困在第二层，虽然上身和双手都能动弹，交叉着的双腿却牢牢地压在了石头之间。有人建议截肢，随即遭到否决——没有人愿意看到这个面容清秀的女孩从此走向不完整的人生。最后营救人员决定采取最原始的方法：头朝下探进女孩被困空间，用榔头、电钻、千斤顶和一切救灾现场能找到的小型设备，一块块敲下压在她身上的混凝土。

就在营救女孩的35个小时里，蓥华又经历了10多次余震。紧挨着教学楼废墟的综合楼，在一次次震动中摇摇欲坠。但是谁也没有退缩，一心想的就是快点将女孩救出来。

……

在遵道镇，有一位名叫韩先成的医生，在地震发生后，他第一时间把自己私人诊所里的急救药品拿了出来，为成功救治伤者争取了更多时间。地震发生后，韩先成马上赶到镇政府主动请战。在他的帮助下，一些逃脱灾难但伤势不轻的村民及时得到了初步救治，伤口得到清理、骨折处得到包扎。

2008年5月14日，一支由志愿者组成的北京山岳救援队到了四川震区，准备全力营救被困在山林中的群众。他们到了震区后被派到了彭州市龙门口镇，每个队员负重25千克徒步23公里，搜救了1名压在瓦砾下的幸存者，带出了12名受困者，处置了10名伤者。17日搜救回龙沟群众时，由于地震引发了峡谷倾塌，在没有路的原始森林里，他们用刀在灌木丛中砍出了一条路，徒步20公里，用11小时找到幸存者位置，但是地震后的断崖很多，不能确定准确位置，他们又从北京调来GPS的点标和地图，终于救出了8名幸存者，并连夜下山。

在大地震发生之后，17位网友拿出自己的钱统一采购了45万元的物品，有方便食品、矿泉水、口罩、手套等，找了6辆车，13日从北京出发，到达震区都江堰后，他们立即把救灾物资送到了物资集散点，70多个志愿者帮助卸车。

一位孩子的家长，在看到了自己女儿的遗体后，含泪与幸存的老师一起寻找其他孩子……

汶川大地震后，90岁高龄、家住自贡荣县顺城街的梅家慧老人将积攒了29年才存起来的6万元钱毫不犹豫地捐给了灾区，而他自己居住的房子却不足10平方米。

2008年5月26日，一位81岁的，双腿有残疾的老人在老伴搀扶下，来到河北邱县第三捐助站，颤抖着双手从怀里掏出一个塑料袋，把装在里面的纸币和硬币，塞进捐款箱，向地震灾区捐款500元。平时，老两口靠妻子一人拾捡报纸、矿泉水瓶等废品为生，收入微薄，生活困难，这500元是他们夫妻二人一点点地积攒下来的。在捐助站，王宏江流着泪说："地震灾区的孩子们太可怜了，这些天，我的心都要碎了。我老了，去不了灾区，只能尽自己微薄之力帮助灾区的孩子们！"

这样的故事还有很多很多，他们也许没有留下名字，却留下了希望，他们也许没有留下语言，却留下了爱。

地震发生之后，对于中国人在这次地震中的伟大表现，各国媒体也纷纷发表了自己的看法：

《纽约时报》：**关键时刻中国政府反应迅速** （温总理对灾区群众高度关切的形象和他亲临第一线的鲜明姿态一次次出现在电视屏幕上，与其他一些国家发生灾害后政府的迟缓表现形成了鲜明对比。中国领导人的努力证明了在关键时刻中国政府能够做到反应迅速。）

新加坡《联合早报》：**“中国式总理”难以复制** （这次四川大地震，中国政府展现了高度的自信心。）

新加坡《联合早报》：**谣言止于真相，电视台播“原汁原味”新闻**

美国有线电视新闻网：**团结和爱国浪潮席卷中国** （在这次地震中，中国人民展现出了深深的同情心，他们是一个团结的民族，紧紧联合在一起。）

西班牙《世界报》：**一个摧不垮的民族** （正是这些志愿者、战士和救援人员不屈不挠的精神把这个已经无数次遭受过外来入侵和各种灾难的国家一次又一次地从废墟中拯救过来。）

2008 年 5 月 19 日 14 点 28 分，从四川省城市的抗震帐篷中到北京天安门广场上，从生产车间到平日的马路，在这一刻都安静了下来，此时中国警报悲鸣、亿万中国人静立三分钟为上万名在四川大地震中遇难的同胞默哀。当认识的和不认识的人在天安门上一起高声喊道：“中国加油！四川加油！”的时候，我们知道那就是团结的力量。

军民同心抗洪抢险

1998 年夏，我国江南、华南大部分地区及北方局部地区普降大到暴雨。长江干流及鄱阳湖、洞庭湖水系，珠江、闽江和嫩江、松花江等江河相继发生了有史以来的特大洪水。受灾人数之众、地域之广、历时之长为世所罕见，在党中央和国务院的英明领导和决策下，数百万军民众志成城、奋起抗洪，一方有难、八方支援，中华儿女用钢铁般的意志和大无畏的英雄气概，谱写了一曲动人的乐章。

汛情牵动中南海，江泽民总书记、李鹏委员长亲赴现场视察，慰问作战军民，朱镕基总理、温家宝副总理亲临一线指挥；党心紧系军民心，党中央密切关注着灾情发展趋势和抗灾进展，时刻牵挂着受灾群众和抢险军民，各级党组织充分发挥了党的领导作用；洪水无情人有情，全国人民情系灾区，一列列火车、一架架飞机、一队队汽车满载着物资、食品，满载着各地群众的深情厚谊，从各个方向往灾区集结。

为了战胜这场特大自然灾害，解放军和武警部队共投入兵力36万多人，地方党委和政府组织调动了800多万干部群众参加抗洪抢险；加上为抗洪抢险提供直接服务的各部门、各地区、各系统的力量，总数达上亿人口；而其他以不同的方式关心、支持抗洪抢险的人们更是难以计数。江泽民同志在评价98抗洪抢险斗争时，强调指出：在这场伟大的抗洪抢险斗争中，我们形成了万众一心、众志成城，不怕困难、顽强拼搏，坚忍不拔、敢于胜利的伟大抗洪精神，这是无比珍贵的精神财富。在这次抗战中多少英雄儿女给中国带来了感动……

1．李向群

海南省琼山市人，中国人民解放军第41集团军121师361团9连战士。

李向群，生于1978年，1996年12月参军，共产党员，在1998年伟大的抗洪抢险斗争中英勇献身。

1998年8月5日，李向群所在部队接到紧急命令后，立即赶赴湖北灾区。命令下达后，部队仅用40分钟全部登上北上的列车。挤在闷罐车里，正是高温的夏季，部队都没来得及吃饭，又饿又渴。经过三十几个小时，部队到达湖北沙市，立即奔上大堤抢险。

1998年8月7日下午2点，李向群随部队从沙市到达弥市镇。

1998年8月7日晚，李向群在湖北沙市的弥市镇大口村，怀着激动的心情趴在背包上连夜写了一份入党申请书，8日早上，郑重地交给了指导员。李向群涨红着脸对指导员说："这是我的入党申请书，请党支部在'水线'上考验我，把最艰巨的任务交给我，最危险的地方让我上，我一定用实际行动证明我的入党誓言。"

1998 年 8 月 8 日上午 8 点半，荆江干堤马浩段大面积散漫，部分地段出现滑坡，情况紧急，部队迅速上堤抢险。李向群迅速穿上救生衣，扛着铁锹，和战友们一起赶往大堤，立即投入抢险。别人一次扛一个沙包，李向群扛两个。两个半小时，李向群双肩被编织袋蹭破了皮，渗出了鲜血，一共扛了 50 多趟，是全营扛包最多的。

1998 年 8 月 8 日晚 11 点，为迎战长江第 4 次洪峰，9 连的临时会议室里正在热烈讨论参加抗洪抢险突击队的人员名单。李向群刚刚递交了入党申请书，一心想加入突击队。可是，他听说参加突击队的都必须是党员、干部和骨干。一想到自己还不是党员，也不是干部和骨干，李向群急了，他连忙跑到会议室要求参加突击队，并且以自小在水边长大，水性好，身体结实等理由说服大家。会议小组根据李向群的具体情况及他平日的优秀表现，答应了他的请求，李向群终于如愿成了突击队员。

1998 年 8 月 13 日 10 点 25 分，李向群随部队火速赶到弥市大坪口幸福闸排险。这时候，长江第 5 次洪峰逼近沙市，幸福闸发生较大面积散浸，需要迅速查清漏洞，排除险情。

幸福闸这个地方，江面弯多水急，漩涡不断，恶浪一个接着一个扑向堤岸。连长正在考虑下水排险的人选，李向群拨开人群走到闸前对连长说："我下去试试！"说完一个猛子扎下去。30 秒、50 秒，李向群一直没露头。大家都着急起来。1 分钟过后，李向群才从下游十几米的水面冒出来。指导员忙问："怎么样？"李向群说："水流太急，控制不住身子。"连长命令拿背包带，把 6 只沙袋捆在一起放入水里，脱掉衣服要亲自下去。李向群一下子把背包绳抢过来，说："连长，我下去过一次，心里有底，还是我下吧！"说完，李向群抱着沙袋沉入了水中。在下沉当中，李向群的右脚踝关节不小心碰到闸门，被划开一个 4 厘米长的口子，鲜血直流，可他全然不顾，手脚并用，来回探寻，终于找到了闸门渗水口的准确位置。

李向群上岸后，连长见他右脚踝流血不止，立即叫卫生员为他包扎，并让他去休息。李向群不肯，说："多一个人就多一分力量，多扛一袋沙包，大堤就多一分安全。这个时候，我怎么能休息！"李向群又和大家投入了封堵管涌的战斗。

在全连官兵的共同努力下，终于封住了渗水洞，排除了险情。

1998 年 8 月 14 日，由于李向群在抗洪抢险中表现出色，经连队党支部大会讨论，一致同意接受他为中共预备党员。

1998年8月16日，长江第6次洪峰到达荆江，沙市水位45.22米，创历史最高纪录。下午5点30分，李向群和战友们来不及吃晚饭，火速赶到南平大堤投入抢险。这时，有的堤段河水已漫过大堤，次日凌晨4点，9连作业区正南侧约300米处突然发生10多米长的内滑坡，情况紧急，李向群大喊一声："不好！快上！"带头跳入水中，随即9连官兵也纷纷跳入水中，大家手拉手筑起两道人墙护住大堤。

1998年8月17日上午，与洪水搏斗了一夜的李向群悄悄来到营部找到卫生员。他向卫生员要感冒药，一试表，发烧挺厉害。卫生员给他开了两包药，让他签个字，回去休息。李向群想，签了名就不能上大堤了，一点感冒用不着休息，于是便要卫生员为他保密。

1998年8月19日上午，李向群仍然没有退烧，听到天兴堤段又出现8个管涌群后，又和战友们奔向天兴堤。在天兴大堤，李向群看到浑浊的江水从管涌口喷出，扛起沙袋就跑，一趟，两趟，渐渐地他发现自己昏昏沉沉的。指导员看到他脸色不对，再一摸他的额头，发现他发烧了，就马上让排长送他走。可是李向群死活不下堤，直到昏倒在大堤上，被送进卫生队。在卫生队里，一听有情况李向群就不顾一切地往堤上跑，前后3次"出逃"。

1998年8月21日，南平大堤有一段堤基塌陷，引发70米的内滑坡，汹涌的江水不断冲击着江堤，随时都有崩溃的危险。上午8点，全团官兵到南平大堤险段抢险，李向群也悄悄地去了。指导员发现后，命令一班长强行送他回去，谁知一会儿他又出现在大提上，和战友们一起装填沙土，搬运沙包。

1998年8月21日上午10点左右，疲劳过度的李向群昏倒在大堤上。战友们赶紧围了过来，一位在堤上送水的大娘，急忙褪下手镯给他刮痧。5分钟以后，李向群苏醒过来。他喝了两碗水，休息了几分钟，不顾大家的劝阻，又扛起了沙包。又扛了二十几包沙袋的他，终因疲劳过度一头扑倒在大堤上口吐鲜血，昏死过去。

1998年8月21日上午11点5分，李向群在教导员王战飞的护送下，被送进公安县第二人民医院急诊室，经过半个多小时的抢救，李向群才慢慢睁开了双眼。此时，他已生命垂危，可是心里还是惦记着大堤。他睁开眼睛后的第一句话就是："管涌堵住了没有？还滑不滑坡？晚上还有没有任务？"教导员流着眼泪说："向群！你安心治病吧，大堤没事了。"

1998 年 8 月 21 日下午，李向群被紧急送到武汉抢救。因为他极度劳累，导致心力衰竭，肺部大面积出血，经多方抢救无效，于 22 日 10 点 10 分永远闭上了眼睛。

1998 年 8 月 28 日，南平镇港关中学校门口挂着“李向群同志永垂不朽”的横幅，下午 1 点半在港关中学为抗洪英雄李向群举行了隆重的追悼会。会场里摆满了花圈，烈士的遗像高高悬挂在深蓝色的挽幛上。为了表达对烈士的深切怀念，灾区 3 万群众自发地赶来参加烈士的追悼会，并在烈士生前抗洪的地方树碑立传。中央军委授予李向群“新时期英雄战士”光荣称号。江泽民主席亲笔题词“努力培养和造就更多李向群式的英雄战士”，号召全军广大官兵向他学习。

2. **高建成**

高建成，1965 年 10 月出生于湘阴县南湖镇一个农民家庭。自幼热爱学习，品学兼优。1984 年 9 月在湘阴县四中毕业后，被选入空军飞行学院读书，毕业后分配到武汉空军某高炮团。历任排长、助理工程师、连副指导员、指导员等职，被授予上尉军衔，是人民军队新时期军事政治建设中涌现出来的一名优秀基层干部。在 14 年军旅生涯中，他学习刻苦，工作扎实，作风优良，品德高尚，先后 3 次受到部队嘉奖，6 次被评为优秀党员、优秀党支部书记。

1998 年夏，长江流域遭受历史罕见的洪涝灾害。7 月 27 日，他所在的空军某高炮团奉命奔赴湖北咸宁地区执行长江干堤抢险护堤任务。出发之前，他在写给老母亲的信中说：“妈，我马上就要带兵执行抗洪抢险任务了，现在家里置了新房，等我抗洪胜利回部队后，便利用休假的机会接您老人家来住，让您老人家和我们一起生活，享受晚年幸福。”可是他没有想到的是，他永远也无法兑现对母亲的承诺了。

1998 年 7 月 27 日，高建成率领战士们按时奔赴指定位置，立即投入嘉鱼县邱家湾抗洪抢险战斗。他不顾连续几天高烧不退，身先士卒战斗在第一线。8 月 1 日晚，他率领战士们转战牌洲湾参加抢险战斗。急行军中，长江大堤突然决口，连队突遭洪水袭击，四五米高的巨浪扑面而来。在紧急关头，他不顾个人安危，沉着镇定，迅速组织抢救遇险群众和官兵。救生器材不够，他立即脱下救生衣硬塞给新战士赵文源穿上。被迫弃车转移时，他坚持最后一个离开。在与洪水搏斗的两个多小时里，他连续不断地进行现场鼓动，高喊：“有党员和干部在，我们一定能够冲出去！”他奋不顾身，先后救出8名群众和战士。8月1日夜里21时以后，洪水越来越大。他和连长决定，把两棵树留给几位体弱的战士，而把死亡的危险留给他们自己。他用尽力气将正在水中挣扎的新战士刘楠推到一棵大树边，自己却被一个巨浪卷走，壮烈牺牲。

1998年8月12日，中央军事委员会发布由江泽民主席签署的命令，授予他“抗洪英雄”的荣誉称号。他在国家和人民群众生命财产安全受到了严重威胁的关键时刻，舍生忘死保护群众和战友，用生命谱写了一曲抗洪抢险的壮丽凯歌。1999年8月1日，烈士所在部队和当地人民群众在武汉烈士陵园隆重地举行了抗洪英雄高建成骨灰安放仪式，以志永远纪念。

1998年的抗洪救灾，给人们一个启示，只要全国人民团结一致，齐心协力，发扬“一方有难，八方支援”精神，我们就可以战胜灾难。

团结一心誓与卢沟桥共存亡的二十九军

卢沟桥，位于北京市西南约15公里丰台区永定河上，是北京市现存最古老的石造联拱桥。永定河旧称卢沟河，桥亦以卢沟命名。卢沟桥始建于金大定二十九年（1189年），明昌三年（1192年）三月完工。明正统九年（1444年）重修。清康熙时毁于洪水，康熙三十七年（1698年）重建。卢沟桥全长267米，宽7.6米，最宽处可达9.5米。有桥墩10座，共11孔，整个桥体都是石结构，关键部位均有铁榫连接，为华北最长的古代石桥。

“九一八”事变后，日本帝国主义侵占了我国东北三省，接着又蚕食华北，妄图把侵略的魔爪伸向全中国。至1937年上半年，北平的东、北、西三面都被日本侵略者控制，位于北京（当时称“北平”）西南郊的卢沟桥便成了平津通往南方的咽喉要道。

1937年7月7日深夜，星光暗淡，万籁俱寂。驻扎在卢沟桥附近的日本军队全副武装，偷偷地向卢沟桥摸来。驻守在卢沟桥的中国士兵发现了敌情，便大声喝问：“谁？口令！”一个日本军官气势汹汹地说，他们有一个士兵失踪了，要到宛平城内去“搜查”。这显然是蓄谋已久的挑衅行为。

面对敌人的无理要求，守桥的中国士兵当即严词拒绝。

日军恼羞成怒，向中国军队开火。驻守在那一带的国民党第二十九军官兵，立即还击，一场保卫战打响了。中国人民伟大的抗日战争也就由此开始。

二十九军的官兵们对日寇早就恨之入骨。侵略者的枪声一响，他们就决定立即还击，奋不顾身地保卫卢沟桥。官兵们表示要“确保卢沟桥和宛平县城，不准日本一兵一卒进入，不能放弃一寸国土”。前线士兵激动地说：“我们愿意与卢沟桥共存亡。这里就是我们为国献身的地方，就是我们的坟墓。”

战斗打响以后，官兵们面对凶恶的敌人毫不畏惧。营长金振中腿部负伤，仍坚持指挥。激战中，日军大队长一木清直被当场击毙。

第二天凌晨，日军向宛平城发动进攻。早有防备的中国守军同仇敌忾，奋起还击，打得日本鬼子人仰马翻。日寇吃了亏，便拉来大炮。随着震耳欲聋的炮声，宛平县城的东门和西门被炸开了。日本鬼子端着上了刺刀的步枪，“呀呀”叫着，疯狂地向县城扑来。为了夺回被日军占领的阵地，士兵们组成大刀队，和敌人展开肉搏，他们举起明晃晃的大刀，冒着敌人的炮火，在杀声中冲出了县城。大刀向鬼子们的头上砍去，顷刻间刀光闪闪，鲜血四溅。在硝烟和火光中，日寇被杀得哭爹喊娘，狼狈而逃。

当天晚上，大刀队员们手握大刀，腰佩手榴弹，又悄悄地向卢沟桥进发。到了桥头，大刀队员们齐声呐喊：“小鬼子，看刀!”日寇猝不及防，一个个人头滚落，尸横桥头。这时，我方援军又从敌人背后杀来，两面夹击，打得日寇鬼哭狼嚎，抱头鼠窜。激战一直持续到9日凌晨，侵占桥头的日军全部被歼，卢沟桥重又回到了中国军队的手中。在这次战斗中，一个青年士兵连着砍死13个敌人，自己也英勇牺牲。有一个连的官兵奋勇抵抗，最后除四个人以外，全部为国捐躯。

卢沟桥事变的第二天，中国共产党就通电全国，大声疾呼：“平津危急！华北危急！中华民族危急!”号召全国军民团结一致，把日本侵略者赶出中国。

全国人民迅速行动起来。北平市民成群结队地前往部队慰劳，长辛店的铁路工人夜以继日地帮助军队修筑工事。各地民众、海外华侨也纷纷来电声援，并送来了大批慰问品。

卢沟桥事变拉开了中国人民全面抗战的序幕。从此，一场伟大的抗日战争便如火如荼地展开了。

孔融让梨的情谊

孔融是鲁国（今山东曲阜）人，字文举，家学渊源，是孔子的二十世孙。孔融少年时候就很出名了，但是一直都辞谢州郡让他去当官的举荐，直到汉灵帝“辟司徒杨赐府”，才开始步入仕途，但不久因与朝中大员不和而托病辞官回归故里。后又进朝做官，因与董卓作对而被贬官。后曹操专权，他又与曹操政治上颇有分歧，终于在建安十三年（公元 208 年）被曹操所杀。

孔融一家有兄弟七人，他排行第六。在他四岁时，每次兄弟们一起吃梨时，孔融的哥哥们都拿大的，而他却总是拣小的。孔融的父母见了很奇怪，就问孔融为什么每次吃梨的时候都挑小的吃。孔融回答说：“我是几个兄弟中年纪小的，哥哥们应该吃大的，我是弟弟就该吃小的。”为此，孔氏家族的人对他很是赞赏。

孔融十岁的时候随父亲到了洛阳。三年后，他的父亲就去世了，孔融便在家里给父亲守丧。此时的他好学勤读，博览群书，渐渐地越来越有名气，被州郡看重。

东汉桓灵之际，党锢之祸迭起，宦官把持朝政，蔽塞言路，打击异己，在朝野大肆搜捕、诛杀正直之士。当时山阳张俭为中常侍（宦官首领）侯览所怨，被迫四处亡命。张俭与孔融的哥哥孔褒是朋友，于是逃避到孔家，恰巧孔褒外出，只有 16 岁的孔融在家。张俭见他年纪轻轻的，不敢信任他。

孔融就对他说：“我哥哥虽然不在家，难道我就不能为你做些什么吗?”于是把张俭藏在了家中。不料事情泄露，孔融与哥哥孔褒一同被捕入狱，兄弟二人争死。郡县被弄得糊涂了，一时间竟然不知道该怎么判了，只好呈请上司处理，结果上面下诏问了孔褒之罪，孔融反倒因而声名显扬了。

孔融一生恃才傲物，但是和兄弟之间的情谊却非常好，因此他的品格一直被人们所传诵。特别是“孔融让梨”的故事，几乎是人人皆知。

将相和，家永固

蔺相如是战国时期著名的政治家、外交家、军事家，相传为河北曲阳人。战国时期赵国上卿，在强秦意图兼并六国、斗争逐渐尖锐的时候，蔺相如凭借着自己的智慧和勇气，让秦国的图谋屡屡受挫，更难得的是，他有容人之量，以大局为重，“先国家而后私仇”，是一位胸怀广阔的政治家。

赵惠文王时，赵国得到了楚国的“和氏璧”。秦昭王听说了这件事情后，派使者前往赵国给赵王送了一封信，告诉赵王秦国愿意用十五座城池和赵国换和氏璧。赵王和大将军廉颇等大臣商量：如果将和氏璧给秦国，赵国恐怕还是得不到秦国的城池，白白地受秦国欺骗；如果不给，又怕秦国攻打赵国。因此，拿不定主意，想找个可以出使秦国作回复的人也没有找到。

正当左右为难之际，宦官头目缪贤对赵王推荐了自己的门客——蔺相如。原来有一次缪贤曾经犯了罪，私下打算逃跑到燕国去。蔺相如阻止了他，并给他分析情况：燕王不仅不会收留他，而且还会绑了他将他送回齐国，要是自动向赵王坦白自己的罪行，可能还能受到赦免。缪贤想了一想，觉得蔺相如说得有道理，于是便留了下来，后来的事情也和蔺相如所估计的那样发展。因此缪贤告诉赵王，蔺相如是一个有勇有谋的人，可以担任出使秦国的任务。

赵王听了以后，决定见见这个蔺相如，见了面后，赵王和蔺相如讨论“以璧换城”的事情。

蔺相如说：“秦国强，赵国弱，不答应不行。”

赵惠文王说：“要是把和氏璧送了去，秦国取了璧，不给城，怎么办呢?”

蔺相如说：“秦国拿出十五座城来换一块璧玉，这个价值是够高的了。要是赵国不答应，错在赵国；要是大王把和氏璧送了去，而秦国不交出城，那么错在秦国。我们宁可答应秦，让他们担这个错。”

赵惠文王说："那么就请先生上秦国去一趟吧。可是万一秦国不守信用，怎么办呢?"

蔺相如说："秦国交了城，我就把和氏璧留在秦国；要不然，我一定把璧完好地带回赵国。"

秦昭王在章台（秦宫名，旧址在今陕西西安市西水）接见蔺相如，蔺相如双手捧璧，恭恭敬敬地献给秦王，秦王接过璧观看，又依次递给妃嫔、文武大臣和侍从们欣赏，众人都啧啧称赞，欢呼"万岁"，向秦王表示祝贺。

蔺相如站在朝堂上等了半天，也不见秦王提换城的事。他知道秦昭王不是真心拿城来换璧。于是蔺相如上前对秦昭襄王说："这块璧虽说很名贵，可是也有点小毛病，不容易瞧出来，让我来指给大王看。"

秦昭王听后，信以为真，就就把和氏璧交给他，蔺相如接过璧，迅速后退几步，身子靠着柱子，愤怒得连青筋都冒了出来，帽子上的带子也断了。只见蔺相如义正词严地对秦王大声说道："大王想要这块美玉，写信给赵王，答应用十五座城来交换，当时赵王召集文武大臣商议，都说秦国贪得无厌，仗着势力强大，想用几句空话骗取赵国的宝玉。大家都不同意把璧送来。可我却认为：即使老百姓交朋友，尚且互不欺骗，何况秦国是个堂堂大国呢？再说也不能因为一块璧的缘故而伤了两国的和气。赵王采纳了我的意见，并且还斋戒了五天，写了国书，然后派我作使臣带着宝玉到秦国来。态度如此恭敬。可大王却在一般的离宫接见我，而且态度又这样傲慢。大王把这么贵重的宝玉，随便递给宫女侍从们观看，分明是在戏弄我，也是对赵国不尊敬。我看大王并没有用城换璧的诚意，所以我把它要了回来，如果大王一定要逼迫我，我情愿把自己的脑袋和这块宝玉在柱子上撞个粉碎。"说罢，举起和氏璧，眼瞅柱子，作势向柱子砸去。

秦昭王怕蔺相如把璧砸坏，赶忙赔礼道歉，请他不要那样做；一面叫来掌管地图的官员送上地图，秦王摊开地图对蔺相如说，从这里到那里的十五座城，准备划归赵国。蔺相如明白秦王不过是装装样子而已，绝对不会把城给赵国，于是又对秦王说："这块和氏璧，是天下公认的宝贝，赵王非常喜欢，可因为害怕秦国势力强大。不敢不献给秦王，在送走这块璧的时候，赵王斋戒了五天，还在朝廷上举行隆重的仪式。现在大王要接受这块璧，也应该斋戒五天，然后在朝廷上举行九宾之礼，我才能把璧献给大王。"秦王想到璧在蔺相如手里，不好强取硬夺，便答应斋戒五天，然后，又派人送蔺相如到广城宾馆去休息。

蔺相如认为秦王虽然答应了斋戒五天，但一定不会真把城给赵国，于是就选了一名精干的随从，让他穿上粗布衣服，打扮成普通老百姓，揣着和氏璧，悄悄地从小路连夜赶回赵国去了。秦王斋戒了五天，在朝廷上设下隆重的九宾之礼。两边文武大臣排立，传下命令，要蔺相如来献璧。

蔺相如走上朝廷，对秦王行了礼说："秦国从秦穆公以来，已经有二十一位国君了，没有一个是讲信用的。我怕受大王的欺骗而对不起赵国，所以早派人带璧离开秦国，恐怕现在早已到赵国了。"秦王听了十分恼怒。蔺相如仍旧从容不迫地说："今日之势秦强赵弱，因此大王派使者到赵国要璧，赵国不敢违抗。马上就派我把璧送来，现在要是秦国真把十五座城割让给赵国以换取和氏璧，赵国哪敢要秦国的城邑而得罪大王？欺骗大王，罪当万死，我已不存生还赵国之望，现在就请大王把我放在油锅里烹死吧，这样也能使诸侯知道秦国为了一块璧的缘故而诛杀赵国的使者，大王的威名也能传播四方了。"

秦昭王见自己的阴谋被蔺相如识破，也无可奈何。而秦王左右的大臣卫士有的建议把蔺相如杀掉，但被秦王喝住了。秦王说："现在即使把蔺相如杀了，也得不到璧，反而损害了秦赵两国的友谊，也有损秦国的名声，倒不如趁机好好招待他，让他回赵国去。"

于是秦王依旧按九宾之礼在朝廷上隆重地招待了蔺相如然后客气地送他回国。之后秦国一直不肯把十五座城割给赵国，赵国自然也就没有把璧送给秦国。

公元前 282 年，秦国派大将白起攻取了赵国的简（今山西离石县西）和祁（今山西祁县）两块地方。次年，秦国又派兵攻占了赵国的石城（今河南朴县西南）。又过了一年，再向赵国进攻，两国交战，赵国损失了两万多军队，但秦军的攻势也被遏止了。

公元前 279 年（赵惠文王二十年），秦昭王想和赵国讲和，以便集中力量攻击楚国，于是派使者到赵国，约赵王在西河外的渑池（今河南渑池县境内）见面，互修友好。赵王害怕，不想去，大将军廉颇和上大夫蔺相如商议，认为赵王推辞不去不好，就劝赵王去："秦王约您会见，如果大王不去，那就显得赵国力小而胆怯了，还是去好。"赵王听从了廉颇、蔺相如二人的建议，蔺相如也随着赵王一起去了。

廉颇带领大军把赵王送到边境，临分手，对赵王说："这次大王去渑池，路上来回的行程，加上会见的时间，估计前后不会超过三十天。为了防止意外，要是过了这个日期大王还未回来，请允许我们立太子为王，以断绝秦国扣留大王要挟赵国的念头。”赵王同意了。廉颇还在边境上布置了大量的军队，防备秦国的进攻。

到了渑池，见到秦王，双方行过礼，便在筵席上叙谈，酒到中巡，秦王对赵王说：“我听说你喜欢弹瑟，我这里有瑟，就请你弹一支曲子助助兴吧！”赵王不敢推辞，只好弹了一曲。这时，秦国的御史走了过来，在竹简上写道：某年某月某日，秦王和赵王在渑池宴会，秦王命赵王弹瑟。

蔺相如见此十分不高兴，他走上前对秦王说：“赵王听说秦王擅长击缶，我这里有个缶，请你敲敲缶让大家高兴高兴。”秦王听了勃然大怒，不肯答应。蔺相如又端起缶走过去，献给秦王，秦王还是不肯敲。蔺相如就说：“现在我离大王只有五步，如果大王不答应，我拼着一死，也要溅你一身血。”意思是要和秦王拼命。

秦王的侍卫看到秦王受到胁迫，慌忙拔出刀来，要杀蔺相如。蔺相如瞪着双眼，大喝一声，吓得侍卫连连后退，秦王心里很不高兴，也只好勉强在缶上敲了几下。蔺相如回头叫来赵国的御史，也把这件事情记下来：某年某月某日，赵王和秦王在渑池宴会，赵王命秦王击缶助兴。

秦国的大臣们见秦王没有占便宜，就说：“请赵王献出十五座城地为秦王祝福！”蔺相如也不示弱，说：“请秦王拿咸阳（秦国都城，今陕西咸阳县东）为赵王祝福！”

一直到酒筵结束，蔺相如为了维护赵国的尊严，机智勇敢地同秦国君臣周旋着，没让秦国占到赵国的一点便宜。秦国也知道廉颇率领大军驻扎在边境上，使用武力也得不到好处，便只好恭恭敬敬送赵国君臣回国。此后，秦、赵间暂时停止了战争。

赵王回去后，因为蔺相如有功，而封拜蔺相如为上卿，官位在廉颇大将军之上。

廉颇因此心中不快，很不服气，说：“我作为赵国的将军，有攻城野战的大功，而蔺相如仅凭几句话，官位就位居我之上。而且蔺相如出身低贱，我不能忍受官位低于他。”并且扬言若是他见到蔺相如的话，一定会当面侮辱蔺相如。

蔺相如知道这件事情后，不愿意和廉颇相见，便处处留意，避让廉颇，上朝时也假称有病，以便回避。有一次，蔺相如乘车外出，远远望见廉颇的车子迎面而来，急忙叫手下人把车赶到小巷里避开。蔺相如的门客便以为相如害怕廉颇，非常气愤，向蔺相如告辞。

蔺相如挽留他们，并问他们："依你们看来，是廉将军厉害呢，还是秦王厉害呢?"

门客们说："当然是秦王厉害了。"

蔺相如说："对了，秦王这样威焰万丈，我却在朝堂上斥责他，侮辱他的臣子们，难道我就单独害怕一个廉将军吗?不过我想，强暴的秦国之所以不敢对赵国用兵，正是因为有廉将军和我两个人在啊，如果两个老虎相搏斗起来，那情势发展下去，一定不能一起生存，这正合秦国的心意，我对廉将军一再退让，正是以国家利益为重，把私人恩怨的小事抛在脑后啊!"

蔺相如这番话，使他的门客极为感动。他们也学习蔺相如的样子，对廉颇手下的人处处谦让。

这件事传到了廉颇的耳中，廉颇为蔺相如如此宽大的胸怀深深感动，更觉得十分惭愧。于是脱掉上衣，在背上绑了一根荆杖，请人带他到蔺相如家请罪，并沉痛地说；"我是个粗陋浅薄之人，真想不到将军对我如此宽容。"

蔺相如亲自解下廉颇背上的荆杖，请他坐下，两人坦诚畅叙，从此誓同生死，成为至交。而秦国也因为赵国有蔺相如和廉颇而很长时间不敢对赵国有所冒犯。

团结是社会主义社会中人与人之间的相互关系的基本特征。这种人与人之间的互相团结、互相关心、互相帮助是人类历史上最进步、最高尚的道德关系。团结互助的目的，就是要把各种力量组织起来，拧成一股绳，战胜各种困难，同心同德建设我们的祖国、我们的社会。团结就是力量，有了困难，大家同舟共济，一方有难，八方支援，不管是地震还是水灾，只要我们坚守在一起，就没有跨不过的坎。我们也该学习孔融的谦让和蔺相如的宽容，因为无私的精神会加固团结的力量。

第六章　以诚实守信为荣 以见利忘义为耻

孔子早在2000多年前就教育他的弟子要诚实。在学习中“知之为知之，不知为不知。”他认为诚实守信才是对待学习的正确态度。

《郁离子》中也记载了一个因失信而丧生的故事：

济阳有个商人过河时船沉了，他抓住一根大麻杆大声呼救。有个渔夫闻声而致。商人急忙喊：“我是济阳最大的富翁，你若能救我，给你100两金子。”待被救上岸后，商人却只给了渔夫10两金子。渔夫责怪他不守信，出尔反尔。富翁说：“你一个打渔的，一生都挣不了几个钱，突然得十两金子还不满足吗?”渔夫只得怏怏而去。

不料想后来那富翁又一次在原地翻船了。有人欲救，那个曾被他骗过的渔夫说：“他就是那个说话不算数的人!”于是商人淹死了。商人两次翻船而遇同一渔夫是偶然的，但商人的不得好报却是在意料之中的。因为一个人若不守信，便会失去别人对他的信任。所以，一旦他处于困境，便没有人再愿意出手相救。失信于人者，一旦遭难，只有坐以待毙。

不为百万奖金心动的王燕丹

王燕丹，中国福利彩票广东汕头市投注站负责人。

2005 年 12 月 26 日傍晚 6 时许，王燕丹投注站里的彩票终端机收到了省福彩中心发布的开奖通知，“南粤风采 36 选 7”第 764 期开出的一注 500 万元大奖出自王燕丹的投注站。当她仔细校对了该期开出的中奖号码，记得这是当天下午一位老彩民柳先生赊账所买的一注复式彩票，购彩金额 480 元至今仍欠着。依照中奖结果，该张复式彩票总奖金达 504 万余元。王燕丹在反复核对确认无误后，在第一时间打电话通知了柳先生。当柳先生赶到投注站得知自己中了 500 万时，好一会儿才回过神来。

王燕丹的投注站中得 500 万元大奖后，不少彩民询问是谁中了奖：“是本地人还是外地人？”“是不是熟客？”面对彩民的种种猜疑和询问，王燕丹始终保守着中奖者的秘密。后来媒体通过柳先生报道了她的事迹后，有人这样问：“彩票是赊账买的，当时就在你手中，有没有想到‘私吞’中奖彩票？”王燕丹感到十分奇怪：“彩票是谁买的就是谁中奖，我从没想到要将中奖彩票占为己有。”

2001 年，王燕丹下岗后就开了红百合福彩投注站。一直以来，王燕丹以她的诚信经营为投注站招揽了不少顾客，许多彩民经常打电话投注。这种赊账投注的方式，如果经营者稍有贪念，完全有机会将奖金据为己有。然而，几年来，这种不昧大奖的故事经常在王燕丹的投注站上演：2005 年第 05252 期双色球 1 注 47 万元的二等奖落在王燕丹的投注站，这张中奖彩票也是电话投注，当时王燕丹想也没想就打电话通知彩民前来领票兑奖。彩民对她十分信任，不少铁杆彩民甚至把大笔款项寄放在她的投注站，在投注站专门开了买彩账户的就达一百多人。

在经营上，王燕丹在 500 多万元面前以其平常心和坦荡行为坚持了诚信经营、诚信服务的理念；生活中，王燕丹同样以其默默的行为，践行一个平凡人的诚信人生信条。本分做人、诚信做人，是王燕丹一直坚持的人生信条。她经常帮助邻居单身老人搞卫生、对流落街头的流浪者赠钱赠物，上市场买东西碰到人家多找给她钱时，也会马上送还人家。在家里，她全力支持身为公务人员的丈夫勤奋干事、诚信干事、干净干事；经常教育孩子做人要诚实守信，不说谎话，助人为乐。四周邻里都夸王燕丹一家是和睦之家、诚信之家、幸福之家。

2006年1月，王燕丹的投注站被广东省福利彩票发行中心授予全省首个福利诚信投注站称号；2006年12月，王燕丹被评为广东省爱国、守法、诚信、知礼十佳杰出人物。

灵魂单纯不染尘埃的徐丽珍

徐丽珍，1987年6月生，福建省寿宁县凤阳乡基德村人。2006年，被评为“2005感动温州十大人物”。

2003年初中毕业后，年仅15岁的徐丽珍选择了外出打工。当时，哥哥刚刚考上大学，为了凑他第一年的学费，贫困的家里已经欠了一大笔债，为了能让家里的经济情况好点，懂事的徐丽珍选择了去打工。

徐丽珍的第一份工作是在福建泉州的一家包袋厂做车工。刚进工厂不久，徐丽珍的住处被盗，小偷拿走了她仅有的几百元钱，徐丽珍一下子身无分文，她不敢和家里说，之后的两个月，她只好向他人借钱过日子。直到过年回家的时候，她才向父亲说自己的身份证“掉”了，要补办，因为她知道出门打工没有身份证是不行的。

2004年夏天，徐丽珍改去浙江温州市打工。因为温州离家乡寿宁县近，有事回家也方便些。可是，第一次踏上温州市区时，徐丽珍又不小心把包遗忘在车站的公用电话亭了。虽然当时她的包里没有什么重要的东西，可是也给她那几天的行程带来了许多的不便。

正是因为有了这两次的经历才让徐丽珍更明白别人丢失东西后的那种

着急和难过。

2005 年 4 月 6 日下午，正在温州市大南门名欧咖啡店当服务员的徐丽珍，在收拾桌子时，发现桌旁的窗台上放着一个大皮包。徐丽珍马上意识到，那是客人遗忘了的东西。她提起那分量不轻的包，追到店门口，没有看到那桌顾客的身影，于是按店里的规定把包交到办公室，由大堂经理负责登记。

当大堂经理和其他工作人员一起打开皮包进行登记时，他们顿时目瞪口呆——包里有护照、身份证、120 欧元现金、16.3 万元的现汇现取汇票以及十几个存折，其中一个存折的存款余额达 1200 万元……金额总计超过 1300 万元。

此时，徐丽珍已经回到大厅继续忙碌去了。后来回忆时，她说她自己当时并没有在意包里有什么东西，她觉得将捡到的东西交还给失主是天经地义的事情。平时，她总也是将捡到的小皮包、手机等立即上交，然后等着失主来领。

当时，咖啡店一边报警，让警方帮助寻找失主，一边通过包内名片联系失主本人，最后终于将所有的财物“完璧归赵”。当经理想起要告知徐丽珍一声时，她已经和往常一样下班了。

第二天，失主法国法华工商联合会副会长王先生赶到咖啡店，一定要见见徐丽珍，并拿出 1 万元现金要酬谢她。徐丽珍婉言谢绝了：“这是我应该做的，这钱我不能要。”那时，徐丽珍一个月的工资不过 800 多元，1 万元相当于她一年的收入。

徐丽珍拒绝了 1 万元的酬谢，是因为她一直坚持自己做人的原则。她说，在泉州的时候，当工厂一到了忙碌的时候，老板和老板娘都会亲自到厂里帮忙干活。这让她觉得做事情必须靠自己踏踏实实去做，没有天上掉下馅饼的事情。

事情过后，徐丽珍也就不在意了，因为她觉得这都是理所当然，直到一批又一批的记者前去采访她，她才意识到这可能是件“大事”，于是打电话对家人说了这件事情。虽然此时家里很穷，可是在接到徐丽珍的电话时，他的家人都夸她做得对。

徐丽珍说：“爸妈从小就告诉我们，做人就要诚实本分。别人的东西就是不能要。”就是这样的家庭教育，让徐丽珍在贫困的家庭中享受着富裕的精神熏陶。

在徐丽珍的事迹传开以后，许多温州市民打电话给她，甚至专程到咖啡店，不为喝咖啡，就为去看看这个善良的福建姑娘。徐丽珍印象最深的一次，是一个温州小女孩在父母及奶奶的陪伴下来到咖啡店，一定要和她合影。“你把这么多钱都还给了失主，真是好样的。”年轻的父母不停地夸赞徐丽珍。年迈的奶奶则对小女孩说：“长大了也要像这个姐姐一样。”

2006 年 3 月 7 日，在 2005 感动温州十大人物评选揭晓暨颁奖晚会上，仍在温州打工的徐丽珍一出场，观众席上就爆发出阵阵雷鸣般的掌声。评选活动组委会这样评价徐丽珍：巨款是一道考题，来自贫困农家的女儿交出了一份精彩的答卷；一位新温州人，用一颗金子般的心，诠释着诚信的真谛；一个在她自己看来最平常不过的举动，见证了一个不染尘埃的灵魂。

2007 年 9 月，徐丽珍被评为全国诚实守信模范。宁德市妇联授予她“三八红旗手”荣誉称号，并号召全市妇女向徐丽珍学习。

人穷志不穷的王荣华

王荣华，吉林省吉林市王荣华体彩诚信投注站负责人，原吉林市凤凰彩票投注站销售员。

2005 年 3 月 5 日，王荣华照常来到投注站上班。她熟练地打开彩票终端机，惊喜地看到显示——全国联网七星彩第 05024 期 500 万元特等奖全国共两注，其中一注出自吉林省吉林市她工作的这个投注站。看清中奖号码后，更是让她激动万分，这是彩民高女士委托她每期必买的号码，而这张中奖彩票此刻就在自己的衣兜里！她立即拿出来仔细地核对了几次。没错，就是这张彩票中了！此刻，她头脑中只有一个念头，那就是尽快把中奖彩票交给得主。她立即给高女士打电话，但一直无人接听。当投注站放完庆祝产生巨奖的鞭炮后，前来购买彩票的人越来越多，她十分着急和紧张，边给彩民打彩票边不停地给高女士打电话。电话终于通了，王荣华把声音压得很低："高女士，我是第04458号体彩投注站销售员，有急事找您，请马上来一下。"40分钟后，一个自称是高女士丈夫的人来取彩票，因为不认识他，王荣华没有给他，直到高女士来，王荣华才毫不犹豫地将彩票"完璧归赵"。

王荣华出生在吉林市永吉县口前镇的一个普通干部家庭。她的父母虽然文化水平不高，但坦诚做人的品行对她的教育和影响很深。她说："诚实、善良是父母给予我的最宝贵财富，这财富一辈子也用不完。"

王荣华于2003年12月来到彩票投注站上班。虽然每月只有350元钱的工资，但她很敬业。腿脚不方便的老人或残疾人来买彩票时，她都主动热情地迎来送往。有时候，彩民将手机、眼镜或彩票落在投注站，她都妥善保管，及时送还。有一位打工仔到该投注站买彩票，中了6000多元，但因为身份证丢失来不及补办，就让她代为领奖，领完奖后，她把奖金如数交给了打工仔。事情传开后，许多彩民定期往该投注站存钱，让她帮助代买彩票。

王荣华说，当她把代买的彩票交给高女士时，她根本没有去想儿子复员一直未能安置工作、家中还欠有2万多元外债，更未产生过将奖金占为己有的念头。事后，尽管有人说她傻，还有人说花500万也治不好她的脑袋。而她却说："人穷不能穷了志气，不属于我的东西，我绝对不能拿。拿了不该拿的钱，就会心里不安，如果这样，有钱又有什么意义呢？所以，将来再碰上这样的事儿我还会这么做。"

王荣华2005年被吉林省整顿和规范市场领导小组办公室、吉林省社会信用体系建设促进会授予"推动吉林省诚信建设十大突出贡献人物"称号。

老老实实做人，结结实实盖房子的范玉恕

范玉恕，天津建工集团第三建筑工程有限公司项目经理，高级工程师，国家一级项目经理资质。

1999年6月14日，由中宣部、建设部、天津市委联合组织的范玉恕同志先进事迹报告会，在北京举行。当时的中共中央政治局委员、国务院副总理温家宝同志亲自接见了范玉恕，并参加了报告会。会上，温家宝副总理号召全国建设系统广大干部职工向范玉恕同志学习。中共建设部党组、天津市委分别作出了“关于开展向范玉恕同志学习活动的决定”。

范玉恕先后组织完成了26项、近40万平方米的施工任务，工程质量项项优良，其中体育中心主馆、电力大厦两项工程获得国家建筑工程质量最高荣誉奖——鲁班奖。范玉恕始终坚持的职业信条是——老老实实做人，结结实实盖房，他许诺：绝不向人民交付1平方米不合格的工程。

为了兑现自己的承诺，范玉恕把全部心血都用在了提高工程质量上。在每项工程施工中，他都坚持制定一个高于国家要求的质量标准，拿出一套质量创优的措施，建立一套完备的质量保证体系，作出每道工序的质量样板。通过多年实践，他创造出保证工程质量的《8·5·15工程项目管理法》。所谓的“8”指的是“算、采、收、发、代、保、撤、结”八字诀；经济管理把“五关”以及施工质量“十五个控制点”。他的这一方法，很快被建设部作为了全国项目经理培训教材。

范玉恕始终坚持四个“一样”：大事和小事一个样，外露工程和隐蔽工程一个样，分内事和分外事一个样，有要求和没要求一个样。工程无论大小，为确保所有工序都能达到一次全优，他每天死盯现场，严把质量关。他几乎放弃了所有的公休日和节假日，把自己负责的几十个工地转了个遍。

2000年，范玉恕从天津市建工集团三建公司项目经理的岗位调任至三建公司任副总工程师，分管企业几十个项目的质量管理。公司承建的社会保障廉租房面向城市拆迁“双困”户（即收入水平低、原住房面积小的家庭），标准高，工期紧。老范格外用心，坚持自己的一贯信念：决不向社会交1平方米不合格工程，不能给老百姓建“堵心房”。他每月排出日程，根据在建项目进度，天天奔波在工地，看施工方案、材料使用、操作过程。

天津电力大厦是百米高的超高层建筑，位于繁华市区，甲方要求的工期相当紧，只有14个月的时间。如何在这么短的时间内保证质量，干成优质工程？范玉恕等人按照“8.5.15”工作法，狠抓施工中的关键环节，采取主体和装修同时施工的措施，砌墙、抹灰、装修、产品保护各工序合理插入，水平作业、交叉作业，不仅保质保量地完成了任务，而且又一次摘取了国家优质工程奖的桂冠。在电力大厦施工的 14 个月里，没有发生一起居民投诉事件。

天津金皇大厦造型独特，建筑面积近 10 万平方米，高 188 米，仅保证大厦的垂直度就是个棘手难题。在施工中，范玉恕和大家大胆创新，他土洋结合，同时采用常用的吊线坠垂直线控制和先进的激光铅直仪控制两种手段，组织人员在楼里一层一层地精心挂线坠，在楼外一个点、一个点地用激光铅直仪监测。当工程封顶时，188 米高的大厦，垂直度误差竟控制在了 15 毫米以内，仅为国家优良工程垂直度允许误差的三分之一，创出了国内超高层建筑垂直度的高水平。为了确保底板混凝土浇筑质量，他对提供混凝土的搅拌站一家家地考察，和技术人员一起确定计量控制，并制定一套严密的施工方案。在底板浇筑时，四天四夜没离开现场一步，直到打完最后一车混凝土。

在建筑工程中，钢筋是包在混凝土里的隐蔽工程。就是因为它是隐蔽工程，范玉恕就更是认真对待。金皇大厦工程使用的钢筋，全部由甲方负责提供。有一批钢筋表层有了浮锈。甲方供料部门考虑到那么多的钢筋不用，会造成很大的损失，就悄悄把这批钢筋运到现场。范玉恕细心查看后，不让卸车，严肃地说："钢筋有锈会影响工程质量，必须重新换料。"甲方同志一个劲地恳求范玉恕高抬贵手，项目经理部的同事也劝他："老范，干活不看东，累死也无功。甲方是咱们的上帝，为这事和人家闹僵了，没咱好果子吃。"范玉恕闻言火冒三丈，他说："带锈的钢筋坚决不能用，要用也行，必须把锈打磨干净。"就这样，这批有了浮锈的钢筋被原封不动地拉回去了。事后，甲方领导还一个劲地称赞、感谢范玉恕呢。

在金皇大厦施工中，范玉恕创造了四个"津门之最"：

1. 第一次完成全市输送管道最长、工程量最大的泵送混凝土的浇筑；
2. 建起了天津市目前高度最高、面积最大、基础最深的大厦；
3. 第一次连续浇筑 9200 立方米高强度大体积混凝土；
4. 创出了天津市超高层建筑垂直度误差最小的成绩。

范玉恕坚守一线阵地，坚持严细管理。2004 年 6 月，范玉恕担任北京奥运工程——奥体中心运动员公寓工程项目经理，他向建设单位承诺："奥运会运动健儿要夺金牌，奥运工程我们更要争第一”。当时正值酷暑，地面温度达到50摄氏度，他一天也没离开过施工现场，做到制订施工方案一盯到底，关键部位一盯到底，工艺难关一盯到底，交叉作业一盯到底，质量验收一盯到底，带领员工从一张图纸、一根钢筋、一块砖、一车混凝土抓起，严严实实地把住了每一道质量关，最终该工程被评为北京市建筑工程质量最高奖——长城杯金奖。

除了在工作中认真钻研，下狠功夫外，范玉恕还有许多的感人事迹。

一次，一个刚进工地的民工队在浇筑一道地梁混凝土时打胀了模，其实，这也不是什么重要的质量问题，可是范玉恕要给他们立个高标准的质量规矩，于是命令他们立刻重新返工，还要赔偿工料的损失费用。当时，那个民工队长跟范玉恕求饶，请他放过他们这一次，并说自己会好好谢他。范玉恕根本就不吃这一套，只见他斩钉截铁地说：“刚一干活你们就这样马虎，后边的活还不知怎么对付，这活推倒重来没商量，你给我多少好处也没商量!”

一天中午，有一个新进场试工的民工队长，看见范玉恕外出开会回来，在办公室啃馒头就咸菜，心想讨好范玉恕的机会来了，于是就买了只烧鸡给范玉恕送去了。谁知道，范玉恕非但不要，还狠狠训了他一顿。从此以后大家都不敢再想什么歪念头了。

遇到大工程，范玉恕需要把一些项目分包出去，或是向外采购建筑材料。一些外分包、外采购单位，为了争揽分包工程，或把建筑产品打进工地，便使出各种手段，想从范玉恕处入手，但是他们都无功而返。

一天晚上，范玉恕的家里来了位带着大包礼物的不速之客。这位不速之客是一个外分包队负责人，他一到范玉恕的家，放下礼物后，还将一大沓的钱推到了范玉恕的面前。范玉恕一见这种情况就知道，这个家伙想让他给多结点工程款，在工程质量上对他睁一只眼闭一只眼。范玉恕二话不说，就将来人推出了门外。为了不再有像类似的情况发生，第二天，范玉恕一上班就对项目班的人宣布一条规矩：以后谁向外单位人透露他家的地址，就处分谁。

在海河综合开发改造中，范玉恕等人承建了海河楼、亲水平台等5个亮点工程。为向天津市人民交出优质快速施工的满意答卷，他每天盯在工地上，手把手地传授施工人员控制质量的方法。为保证路面铺设的方砖之间缝隙大小一样，他自制了一个测试缝隙大小的垫圈，弓着身子一块一块地进行测试，一天下来常常累得直不起腰。

范玉恕就是这样一个建房人，一个值得百姓信赖的建房人。

范玉恕近年来先后获得了：天津市优秀共产党员标兵、天津市特等劳动模范、全国劳动模范、全国"五一劳动奖章"、全国建筑施工企业优秀项目经理、全国建设系统行业标兵、全国建设系统风云人物、全国十大杰出职工等荣誉称号，并列入建国50年52名英雄模范人物之一，2002年当选为党的十六大代表。

言出必行的商鞅

在战国七雄中，秦国在政治、经济、文化各方面都比中原各诸侯国落后。贴邻的魏国还从秦国夺去了河西一大片地方。公元前361年，秦国的新国君秦孝公即位。秦孝公下决心发愤图强，要让秦国强大起来，即位后做的第一件事情就是搜罗人才。他下了一道命令，说："不论是秦国人或者外来的人，谁要是能想办法使秦国富强起来，就封他做官。"

秦孝公这样一号召，果然吸引了不少有才干的人。有一个卫国的贵族公孙鞅（就是后来的商鞅），在卫国得不到重用，就去了秦国，托人引见，得到秦孝公的接见。

商鞅对秦孝公说："一个国家要富强，必须注意农业，奖励将士；要打算把国家治好，必须有赏有罚。赏罚分明，朝廷才能建立威信，朝廷有了威信，一切改革也就容易进行了。"

秦孝公完全同意商鞅的主张。可是秦国的一些贵族和大臣却竭力反对。秦孝公一看反对的人这么多，自己刚刚即位，怕闹出乱子来，就把改革的事暂时搁了下来。

过了两年，秦孝公的君位坐稳了，就封商鞅为左庶长（秦国的官名），并对商鞅说："从今天起，改革制度的事全由左庶长拿主意。"

商鞅起草了一个改革的法令，但是怕老百姓不信任他，不按照新法令去做。就先叫人在都城的南门竖了一根三丈高的木头，下命令说："谁能把这根木头扛到北门去，就赏十两金子。"

不一会儿，南门口围了一大堆人，大家议论纷纷。有的说："这根木头谁都拿得动，哪儿用得着十两赏金？"有的说："这大概是左庶长和大家开玩笑吧。"大伙儿你瞧我，我瞧你，就是没有一个上去扛木头的。

商鞅知道老百姓还不相信他下的命令，就把赏金提到五十两。没有想到赏金越高，看热闹的人越觉得不近情理，仍旧没人去扛。

正在大伙儿议论纷纷的时候，人群中有一个胆大的跑出来，说："我来试试。"只见那人蹲下身子，真的把木头扛起来就走，直奔北门而去。围观的人们也尾随着他，想看个究竟。

那人到达北门后，商鞅立刻派人传出话来，赏给扛木头的人五十两金子，一分不少。老百姓沸腾了，纷纷称赞商鞅是守信之人。这件事轰动了秦国。

商鞅知道，时机已经成熟，于是他就把起草的新法令公布了出去。新法令赏罚分明，规定官职的大小和爵位的高低以打仗立功为标准。贵族没有军功的就没有爵位；多生产粮食和布帛的，免除官差；凡是为了做买卖和因为懒惰而贫穷的，连同妻子儿女都罚做官府的奴婢。

因为之前的南门立木，谁都知道商鞅言出必行。因此新法颁布后得到顺利推行。商鞅变法，使得农业生产增加了，军事力量也强大了。不久，秦国进攻魏国的西部，从河西打到河东，把魏国的都城安邑也打了下来。商鞅变法使秦国走向了富强，为秦始皇统一中国奠定了坚实的基础。

以身作则的曾参

曾参是孔子的学生，后人称其为曾子。他在教育子女时，不仅严格要求孩子，而且也要求自己以身作则。所谓的"言传身教"就是如此。

有一天，曾子的妻子要外出赶集。他们的儿子本来在一旁玩耍，见母亲要去集市就扯着母亲的衣襟又哭又闹，吵着也要去。曾子的妻子嫌麻烦，不愿意带他，可是又被儿子缠得没有办法，只好哄儿子说："好孩子，你还小，留在家里好好听话。等我回来，我把咱家那头肥猪杀了给你吃。"

儿子一听有猪肉吃，便止住了哭声，抬头问母亲说："是真的吗？"曾子的妻子点了点头，表示肯定。儿子的脸上露出了微笑，开心地放开了母亲的衣襟，蹦跳着跑到一边玩去了，嘴里还念叨着："有肉吃了，有肉吃了。"

儿子一整天都在家里等着母亲回来，村里的小伙伴们来找他玩的时候，他都拒绝了，因为他要等母亲回来杀猪给他吃。一整天，他就靠在墙根下一边晒太阳一边想象着猪肉的味道，心里甭提多高兴了。

傍晚的时候，曾子的妻子回家了。曾子的儿子见母亲回来了，远远地就迎了上去，嘴里还不忘要母亲杀猪煮肉给他吃。

谁知，曾子的妻子却对儿子说："一头猪顶咱家两三个月的口粮呢，怎么能随随便便就杀猪呢？"

儿子一听哇的一声就哭了，嘴里还不忘数落母亲说话不算话。曾子听见儿子的哭声跑了出来，知道事情真相后，二话没说，转身回到屋子里。过了一会儿，只见曾子举着菜刀出来了。曾子的妻子吓坏了，因为曾子一向对孩子非常严厉，以为他要教训孩子，连忙把孩子搂在怀里。谁知曾子却径直奔向猪圈。

见此情景，妻子不解，便问曾子拿着菜刀做什么。

曾子不假思索地回道："杀猪。"

妻子听了扑哧一声笑了："不过年不过节杀什么猪呢？"

曾子严肃地说："你答应过孩子要杀猪给他吃的，既然答应了就应该做到。"

妻子说："我刚才是被儿子缠得没有办法了，我只不过是骗骗孩子，和小孩子说话何必当真呢？"

曾子说："对孩子就更应该说到做到了，不然，这不是明摆着让孩子学着家长撒谎吗？大人都说话不算话，以后有什么资格教育孩子呢？"

妻子听后惭愧地低下了头，夫妻俩真的杀了猪给孩子吃，并且宴请了乡亲们，告诉乡亲们教育孩子要以身作则。

虽然曾子的做法遭到一些人的嘲笑，但是他却教育出了诚实守信的孩子。曾子杀猪的故事一直流传至今，他的人品一直为后代人所尊敬。

背信弃义终遭唾的赵高

赵高本是赵国的贵族之后，他的父亲是赵国君主的远房本家，因为犯罪，被施以宫刑，其母受牵连沦为奴婢，赵高弟兄数人也因此而当上了太监。秦王政二十五年（公元前222年），秦灭赵，赵高被掳往秦国。秦始皇听说他身强力壮，又精通法律，便提拔他为中车府令掌皇帝车舆，还让他教自己的少子胡亥判案断狱。由于赵高善于观言察色、逢迎献媚，因而很快就博得了秦始皇和胡亥的赏识和信任。有一次，赵高犯下重罪，蒙毅按律要处他死刑，秦始皇却赦免了他并复其原职，由此埋下了断送其江山的祸根。

秦始皇三十七年（公元前210年）十月，年逾半百的始皇在第五次出巡的途中病倒了。随着病情的加重，秦始皇知道自己将不久于人世了，于是召来赵高，让他代拟一道诏书给正在上郡（今陕西榆林东南）担任监军的长子扶苏，让其将军事托付给蒙恬，赶回咸阳主持丧事。诏书封好后，秦始皇吩咐赵高火速派人将信件送出。谁知，赵高却偷偷将诏书藏了起来。

不久秦始皇死在沙丘（今河北广宗西北太平台），当时秦始皇并未立太子（李斯当时还不知道诏书一事），而且是死在出巡的途中，李斯担心公布秦始皇的死讯会天下大乱，于是封锁了消息，将棺材置于秦始皇平时乘坐的车上，若无其事地继续前进。当时除了随行的胡亥、赵高和其他几名宠臣知晓始皇已逝外，其余的人均被蒙在鼓里。

一天傍晚，车队停下住宿。赵高觉得时机已到，便带着扣压的遗诏来见胡亥，劝他取代扶苏登上皇位，并且暗示他，只要利用李斯就可以登上皇位。胡亥早就梦想有朝一日能够登上皇帝的宝座，只是碍于忠孝仁义而不敢轻举妄动。现在听赵高一番贴心之语，蓄蕴已久的野心不禁蠢蠢欲动起来，但仍还有些犹豫，叹息道："父皇病逝的消息还没有诏示天下，怎么好就去麻烦丞相呢？"赵高早已摸透了他的心思，胸有成竹地说："公子不必再瞻前顾后，机不可失，时不再来。这事没有丞相的支持不行，我愿替公子去与丞相谋划。"胡亥正求之不得，立即答应了。

赵高早就知道李斯的弱点，虽然李斯颇有才华，可是却十分害怕自己的荣华富贵会突然间消失。赵高决定就从这个地方对李斯下手。

赵高径直找到李斯，有恃无恐地对他坦言："皇上驾崩一事，外人无从知道，给大公子扶苏的诏书及符玺也在我那里，定谁为太子，全在丞相与我一句话，丞相看着办吧！"

李斯听了赵高的话大吃一惊，他听出了赵高想篡诏改立的意图。当下断然拒绝，大声呵斥赵高大逆不道，说自己不能辜负秦始皇。

赵高见正面游说不起效果，便一转话锋，问李斯道："丞相，在你看来，在才能、功绩、谋略、取信天下以及扶苏的信任程度这几方面，你与蒙恬将军谁强呢？"

这句话正触到李斯的痛处，沉默半晌后，李斯黯然地说："我不如他呀。"

赵高装出十分关切的样子，进一步试探道："丞相是个聪明人，其中的利害关系恐怕比我看得更清楚。大公子（扶苏）一旦即位，丞相之职必定落入蒙恬之手，到时候，你还能得善终吗？胡亥公子慈仁敦厚，实乃立嗣的最佳人选，希望丞相仔细考虑考虑。"

李斯经过一番思想斗争后，终于向赵高妥协，仰天长叹一声，滴下泪来："遭遇乱世，也只能以保身为重了！"赵高知计已成，欣喜若狂，马上与李斯合谋，假托始皇之命，立胡亥为太子，又另外炮制一份诏书送往上郡，以"不忠不孝"的罪名赐扶苏与蒙恬自裁。

扶苏接到诏书后，被迫自杀。蒙恬不肯不明不白地死去，赵高派去的使者便将他囚禁在阳周（今陕西子长县北），将他的兵权移交给副将王离，又安排李斯的亲信为护军，这才回去复命。胡亥听说扶苏已死，心中大石落地，就有释放蒙恬的念头。此时正好遇上蒙毅替始皇祭祀名山大川归来，赵高本对他积怨已久，同时也担心日后蒙氏重新掌握大权，索性一网打尽。于是对胡亥进谗言："先帝本来早就想选贤立太子，就是因为蒙毅屡次阻止才没有实行。这种不忠惑主的人，不如杀之，永绝后患。"胡亥信以为真，就派人把蒙毅拘留在代地（今河北蔚县东北）。

赵高见障碍已除，建议胡亥赶快回去继承皇位。由于气候炎热，始皇的尸体已经开始腐烂，一阵阵恶臭从车中传出。为掩人耳目，赵高便命人买来大批咸鱼放在车上，将臭味盖住，一行人浩浩荡荡回到了咸阳，这才发丧，公告天下，并举行了空前隆重的葬礼。太子胡亥称帝，是为秦二世。赵高官被封为郎中令，成了胡亥最亲信的决策者。

胡亥登上皇位不久，就开始追求起穷奢极欲的生活来。为了显示皇帝的威仪，即位第一年（公元前209年）的春天，他就仿效始皇的排场沿着东线出巡，一直到达海边。又南下会稽，最后由辽东返回。此外，他还大修宫殿，征召5万名精壮之士屯卫咸阳，并收集天下奇花异草、珍禽奇兽供自己玩乐，以致“咸阳三百里内不得食其谷”。但他毕竟清楚自己这个皇帝当得不够光彩，因此仍时时忧心忡忡。一天，他向赵高感叹：“朕既然已君临天下，如果能在有生之年享尽人间欢乐，实现自己所有的心愿，那该是多么惬意啊！”赵高何尝没有这样的隐忧，立嗣一事，全是他一手策划，纸终究包不住火，倘若机密泄露，自己便会死无葬身之地。今日见二世亦如此，乘机和盘托出自己的想法：“陛下所虑极是！沙丘之谋，诸公子和大臣们都在怀疑，这些人难保不怀有二心。臣每每想到这些，就战战兢兢，恐有不测。心腹大患不除，陛下又怎能安乐一世呢！”

胡亥连连点头称是，急急地问：“卿有何高见，但说无妨。”

赵高略一思忖，目露凶光，面显杀机：“陛下唯有严刑峻法，将有罪之人连坐族诛，对心怀不满的大臣及诸公子逐一打击，同时提拔陛下的心腹，安排要职。这样一来，才可保您高枕无忧，肆志宠乐矣！”胡亥对赵高早已深信不疑，立刻采纳了他的意见，将生杀大权一并交付给他。一时间，咸阳城内腥风血雨，惨无人道的屠杀拉开了序幕。

赵高第一个开刀的就是蒙氏兄弟。蒙恬、蒙毅在始皇生前颇受重用，屡建奇功，在朝中也权高位尊，因此是赵高平生最忌之人。胡亥的叔父知道了赵高欲杀蒙氏兄弟，赶忙进宫劝阻二世，认为诛杀忠臣乃亡国之举。无奈利令智昏的胡亥根本听不进去，迫蒙毅自杀。随即赵高又遣使阳周追逼蒙恬，蒙恬悲愤难当，大声疾呼：“我何罪之有，无过而死乎？”然后吞药自尽。

除掉蒙氏兄弟后，赵高的心病去了一半，他接着将谋杀的矛头转向了秦朝的宗室，大肆屠杀胡亥的兄弟姐妹，弄得整个朝廷人心惶惶。之后，赵高告诉胡亥说：“现在众人整天提心吊胆，自顾不暇，已经毫无犯上作乱之心。”胡亥非常高兴，对赵高就更加信任了。之后，赵高又排挤掉不少敢于直言进谏的官员，安插了大批亲信，又骗胡亥把朝野大事都交给自己打理。昏庸无知的胡亥乐得把朝野大事交给赵高代理，于是不再上朝，一味寻欢作乐，决断之权大部分落到了赵高的手中。随着权力的扩大，赵高的野心也不断地膨胀。他不再满足于只做一名郎中令，而将眼光转向了一人之下、万人之上的丞相之位。因此，除掉李斯在他的心中显得日益迫切了。

当时的秦朝已是危机四伏，自秦始皇以来的暴政到了胡亥之世更是变本加厉。沉重的徭役赋税和残酷的苛政刑法，使人民苦不堪言；六国的旧贵族们也日夜谋划着复辟江山。各种复杂的矛盾交织在一起，终于点燃了反秦的熊熊烈火。农民领袖陈胜、吴广首先在大泽乡（今安徽宿县东南刘村集）揭竿而起；旧贵族的势力也很活跃，他们纷纷招兵买马，企图利用农民力量达到复辟目的；秦朝的小官吏如刘邦等人，由于不满秦的统治，也加入了起义的队伍。他们很快就形成了一股强大的力量，所向披靡，极大地震撼着秦室的根基。

李斯面对危局心急如焚，屡次想进谏二世，二世只是不见。赵高见此情形，假意问李斯：“现在关东反叛的盗贼如此嚣张，但皇上仍然声色犬马，毫不关心。我本想劝阻一番，无奈位卑言微。丞相乃先帝重臣，说话有分量，为何不进谏呢？”

李斯苦笑摇头：“我何尝没有想过。只是现在陛下常居深宫，很难见到，我找不到机会啊。”赵高见李斯已上钩，心下窃喜，表面却不动声色：“只要丞相肯进言，卑职一定留心，瞅到皇上有空闲，立即来禀报。”李斯自是感激不尽。

赵高深知胡亥已沉湎于酒色而不能自拔，当然十分反感别人在他玩兴正浓的时候来打扰。于是，每当看到胡亥歌舞狂欢，与众姬妾厮混时，赵高就派人通知李斯：“皇上正闲着，可以奏事。”李斯赶忙去求见，一连几次都是如此。胡亥非常恼怒，破口大骂：“李斯这老贼，竟敢拿我寻开心！我闲着的时候他不奏事，偏偏在我宴饮正酣之时再三扫我的兴致。难道他是看我年轻，瞧不起我吗。”

趁此良机，站在一旁的赵高立即应声说：“哎呀！如果丞相真这么想，那就糟了！沙丘之谋，丞相也是参与者。现在，陛下做了皇帝，他却没捞到多少好处，必定怀恨在心。大概他是想让陛下实行分封，立他为王呢！”赵高见胡亥的脸色越来越青，压低了嗓门，轻轻叹道：“另外，还有一事，陛下不问，臣还不敢直言相告。”

胡亥见他欲言又止，立时引起了警惕，厉声问：“莫非又与李斯有关？”赵高拜了两拜，接着说：“丞相的长子李由现任三川郡守，造反闹事的贼子陈胜等人与丞相本是同乡。正是因为这层关系，所以盗贼们经过三川的时候，李由也不组织攻击，致使事端越闹越大。我还听说李由与陈贼有过书信往来，由于还没有得到真凭实据，才不敢贸然奏知圣上。”

胡亥正在气头上，闻之雷霆大发，立刻就要审办李斯，并当即派人去调查李由通盗一事。李斯知道后，才明白自己中了赵高的圈套。他上书给胡亥，一面申诉自己的冤屈，一面指出赵高不怀好意，要胡亥当心。

然而此时的胡亥，早就被赵高完全迷惑，视其为股肱心腹，尽忠贤臣。他将李斯的申诉书交给赵高过目，嘱其小心。赵高佯作悲伤，凄凄惨惨地说：“丞相父子谋逆之心已久，所担心的就臣一人。臣死不足惜，只是担心陛下的安危。”这几句“赤胆忠心”之言，使胡亥大为感动。他安慰赵高道：“你不必担心，有我在，没人敢动你。”自此赵高更加肆无忌惮。

过了几日，李斯邀同将军冯劫和右丞相冯去疾联名上奏胡亥，建议暂停阿房宫的工程，减少边区戍守和转输，以缓解民愤。胡亥对李斯本就有怒气，这下一触即发。他咆哮道：“这些都是先帝开创的功业，必须继续！如今我才即位两年，就盗贼并起，完全是因为你们镇压不力所致，却想罢先帝之所为。你们身为两朝重臣，第一无以报先帝，第二不为我尽忠，还有何资格占着丞相、将军的位子！”说罢，下令将他们交付司法官审办。

冯去疾、冯劫非常痛心，为了不受羞辱，不久便在狱中含恨自杀。胡亥派赵高审讯李斯父子谋反的案件，包藏祸心的赵高马上露出了本性。他天天严刑逼供，直打得李斯皮开肉绽，体无完肤，李斯实在受不住，只得招了假供。他之所以不自杀，是因为自思有雄辩之才，又是秦王朝的有功之臣，而且自己也的确没有谋反，只要上书胡亥就会被赦免。

可是天真的李斯哪里知道，进谏之路已完全为赵高一党把持，申诉书全落入了赵高手中。恣意妄为的赵高轻蔑地将书撕个粉碎：“囚犯还有资格上书！”为了堵住李斯的嘴，他派自己的亲信扮成御史（监察官）、谒者

（官名，为国君掌管传达）、侍中（官名，秦时设五人，往来殿内、东厢奏事），轮番提审。若李斯以实情相对，则施行拷打，直到李斯坚持假供不再改口为止。后来二世真的派人来审讯他，李斯以为还是和以前一样，就仍以假口供对之。胡亥看到口供后，以为李斯真想谋反，对赵高感恩戴德："如果不是你的话，我就被李斯给出卖了！"等到调查"李由通盗"的使者到三川时，李由已为项梁带领的起义军所杀。赵高见死无对证，便又欺骗二世说已将其就地正法。

二世二年（公元前 208 年）七月，经过一系列精心策划，李斯的罪名终于被赵高罗织而成，再也无法改变了。奔赴腰斩刑场的李斯，悔恨交加却为时晚矣。当年沙丘之谋，他如果不贪求一时私利，又何至于落得今日的下场呢？胡亥的昏庸，赵高的阴毒，都是他始料不及的。这位功过参半的丞相临死前已敏锐地嗅到了秦必亡的气息："今反者已有天下之半矣，而心尚未寤也，而以赵高为佐，吾必见寇至咸阳，麋鹿游于朝也。"

李斯死后，赵高名正言顺地当上了丞相，事无大小都完全由他决断，几乎成了太上皇。羽翼已丰的他，渐渐不把胡亥放在眼中了。一天，赵高趁群臣朝贺之时，命人牵来一头鹿献给胡亥，说："臣进献一马供陛下赏玩。"胡亥虽然糊涂，但是鹿是马还是分得清。他失声笑道："丞相错了，这明明是头鹿，怎么说是马呢？"

赵高板起脸，一本正经地问左右大臣："你们说这是鹿还是马？"围观的人，有的慑于赵高的淫威，缄默不语；有的惯于奉承，忙说是马；有的弄不清赵高的意图，说了真话。胡亥见众口不一，以为自己是冲撞了神灵，才会认马为鹿，遂召太卜算卦，太卜道："陛下祭祀时没有斋戒沐浴，故至于此。"胡亥信以为真，便在赵高的安排下，打着斋戒的幌子，躲进上林苑游猎去了。二世一走，赵高便将那些敢于说"鹿"的人纷纷杀死了。此后，朝中大臣都看赵高的眼色行事，不敢违逆他。

然而，此时的秦帝国已经到了风雨飘摇的时候了，此时项羽、刘邦领导的反秦大军势力强大，准备一举歼灭秦。秦二世三年巨鹿（今河北平乡县西南）一役中，秦军主力被项羽打得落花流水，精锐尽失，大将王离被擒。章邯求助不成，恐朝廷降罪，率 12 万大军投诚。六国旧贵族见机纷纷自立为王，并力西进。刘邦带着数万兵马迂回进入武关（今陕西商洛县西南丹江北岸），为了早日攻克咸阳，他派人暗中与赵高联系，希望赵高能做内应。赵高担心胡亥知道后祸及自己，便称病不上朝，私下里暗算着乘乱夺位之事。

章邯的倒戈，给了摇摇欲坠的秦王朝一个沉重的打击，荒淫的胡亥再也不能坐视不管了，他寝食难安，日日斋戒于望夷宫，惶惶不可终日。他派使者质问赵高："丞相不是总说关东盗贼不能成气候吗，今天怎么会到了这种地步！"赵高听了大惊失色，知道二世对自己产生了怀疑与不满，若不尽早下手，只怕日后夜长梦多。于是秘密与弟弟赵成和女婿阎乐商议对策，制定了弑君政变的计划：由咸阳令阎乐率领手下士兵装扮成农民军攻打望夷宫（今河南咸阳市东北泾河南岸），以郎中令赵成为内应，赵高则负责指挥全局。

一切安排妥当后，赵成便在宫内散布谣言，假装说有盗贼，命令阎乐发兵追击，致使宫内防守空虚。同时，阎乐指使部分亲兵，化装成农民军，将自己的母亲劫持起来，暗中送到赵高家中，一边又率千余人以追贼为名直逼望夷宫而来。他们冲到宫门前，大声向守门官吼道："强盗进了宫门，你们为何不抵挡？"

守门官莫名其妙，问："宫内外禁卫森严，怎么会有贼人进宫呢？"

阎乐不容分辩，手起刀落，杀死了守门官，冲进了望夷宫。逢人便砍，见人放箭。一时宫中血肉横飞，惨不忍睹。胡亥见状吓得目瞪口呆，全身瘫软，直到赵成与阎乐走进来，他才明白是怎么一回事。胡亥又惊又怒，急召左右护驾，怎料侍从们早已溜之大吉，只有一个宦官站在身边。他揪住宦官的衣衫，歇斯底里大叫："你怎么不早告诉我呢，现在弄成这样，我该怎么办！"

宦官说道："正因为奴才平时不敢说话，才能活到今天。否则，早就被皇上赐死了。"胡亥就像一个泄了气的皮球，垂头丧气。

阎乐冲到胡亥面前，胡亥一边后退一边颤声道："朕乃真龙天子，你敢弑君！"

阎乐气势汹汹："你这个无道暴君，搜刮民膏，残害无辜，天下人人得而诛之。你还有什么可说的？"

胡亥还欲垂死挣扎，胆战心惊地问："我可以见一见丞相吗？"

阎乐一口拒绝："不行！"

胡亥仍不死心，哭丧着脸哀求："那么，可以给我一个郡王当吗？万户侯也行。”

阎乐摇摇头。

胡亥绝望地叫道：“只要保全性命，我情愿做一名百姓，这总行了吧？”

阎乐不耐烦地说：“我奉丞相之命，为天下铲除暴君，你说得再多也没用，快快自裁吧！”

此时的胡亥，才了解到这场宫廷政变的幕后指使人竟然是他最信赖的赵高，多年来养在身边的居然是一只老虎。胡亥悔怨交加，却已无可奈何，只得拔出长剑，结束了自己的生命。

阎乐向赵高报告了胡亥已死的消息，赵高欣喜若狂，匆匆赶到宫中，摘下了胡亥身上的玉玺佩上，大步走上殿去，准备宣布登基。但是文武百官皆低头不从，赵高只得临时改变主意，将玉玺传给了扶苏的长子子婴。由于秦的力量已大为削弱，子婴只得取消帝号，复称秦王。

子婴早在当公子期间，就耳闻目睹了赵高的种种罪行。现在被赵高推上王位，知道自己不过是他的一个傀儡而已。子婴不愿再重蹈胡亥的覆辙，便与自己的贴身太监韩谈商定了斩除赵高的计划。

原来赵高要子婴斋戒五日后正式即王位。等到期限到了，赵高便派人来请子婴接受王印，正式登基。可子婴推说有病，不肯前往。赵高无奈，只得亲自去请。等赵高一到，太监韩谈眼疾手快，一刀就将他砍死了。子婴随即召群臣进宫，历数了赵高的罪孽，并诛其三族。

赵高和李斯都是背信弃义之徒，最后也因自己的无耻了导致了灭亡。

诚实，即忠诚老实，就是忠于事物的本来面貌，不隐瞒自己的真实思想，不说谎，不作假，不为不可告人的目的而欺瞒别人。守信，就是讲信用，讲信誉，信守承诺，忠实于自己承担的义务，答应了别人的事一定要去做。忠诚地履行自己承担的义务是每一个现代公民应有的品质。在当今这个物欲到处充斥的年代，诚实守信就变得更加珍贵了。社会在呼吁人们要诚实守信，人们也应该回应社会，就像王燕丹、徐丽珍一样诚实，同时也应该像曾子一样，以身作则，让下一代学会不欺瞒，诚实守信。不可学赵高，见利忘义，扰乱国家，使人民受苦。

第七章　以遵纪守法为荣 以违法乱纪为耻

十月革命胜利后的一天，列宁到一家理发店里去理发。当时，理发店里有很多人排队。列宁一进门，便问谁是最后的一位，意思是按照先后的次序等候。

等候理发的人都认识列宁，知道列宁日夜为国事操劳，知道每一分钟对他而言都是极其宝贵的。于是都赶忙对他说："谁是最后的一位无关紧要，现在空出位置来，请您先理吧。"列宁回答说："谢谢各位同志们的好意。不过这是不合规矩的，大家应该按班次、守秩序。我们自己订的法律，应该在一切琐碎的生活里去遵守它。"列宁一面说着，就一面找个椅子坐下来，并从衣袋里掏出一张报纸看起来，静静地等候着。等着理发的人们看到列宁态度很坚决，没有再说什么，都以敬佩的眼光看着自己的革命领袖。在规定、制度、公约面前，人们是一律平等的。比如理发要按先后次序，这对谁都应该一样——不管是普通群众还是革命领袖。人们之所以敬佩列宁，就在于他以普通顾客的身份出现，并且在人们衷心地要求他可以不讲秩序的时候，他仍然坚持"在一切琐碎的生活里"讲秩序。可见，遵纪守法多么重要。

勇斗歹徒的女孩田淑娟

1989年1月30日，这一天是农历十二月廿三，因为年关，大家都在忙碌着。这天上午大概是9点钟左右的时候，两名入室抢劫的歹徒手持凶器闯进了田淑娟的家中。那时，田淑娟还是一个中学生。

当歹徒看到家中只有田淑娟一个人时，便凶相毕露，用手卡住她的脖子，并用改锥猛击她的头部，顿时鲜血直冒。但是勇敢的田淑娟一点都没有畏惧之色，他一边与歹徒搏斗，一边高喊："抓坏蛋，抓坏蛋呀!"

为了达到抢劫的目的，两个歹徒使出了更加残暴的手段——他们将田淑娟的双手反绑，接着用袜子堵住了她的嘴巴，然后还把她扔在床上，将棉被、枕头等压在她的身上……田淑娟被折磨得昏了过去，歹徒开始肆无忌惮地搜寻财物。

不知道昏迷了多久，当田淑娟苏醒过来的时候，她的双手还是被捆着，不能动。她想："如果躺着不动，生命虽然可以保全，但是歹徒抢劫完后，就会立刻逃掉，再去抢劫别的人家。不行！我得想想办法，决不能让歹徒跑掉。"

田淑娟趁着歹徒拧锁撬柜、贪婪地寻找钱物的机会，强忍住手臂的疼痛，硬是挣脱了绳子。她意识到，自己势单力薄，根本不是对方的对手，如果与歹徒硬斗，不但抓不住歹徒，有可能还会送掉自己的命。田淑娟左思右想，终于想到了一个办法，但有些冒险。

两个歹徒万万没有想到，就在自己翻箱倒柜的时候，那个已被自己打得奄奄一息的小姑娘，突然从床上跃起，凭着对环境的熟悉，敏捷、快速地冲向阳台，登上了栏杆。两个歹徒愣了一下，随即跑向阳台，想抓住她。但是已经晚了，田淑娟嘴里高喊着"抓坏蛋"的同时，毫不犹豫地从阳台上纵身跳了下去。

田淑娟家的阳台距离地面有3米多，田淑娟跳下去后还不停地喊"抓坏人……”两个歹徒见状，十分害怕，为了能快速逃跑，他们也从阳台上跳下。其中一个歹徒将腰摔伤了，挣扎着爬向一个门沿，企图逃跑，另一个安全到达地面逃跑了。

田淑娟从楼上跳下后，摔断了右臂，她看到那个摔伤的歹徒想逃跑，便用尽气力，拖着断臂，一点点地爬向那个门沿，用自己的身体牢牢堵住门口，呼喊人来抓歹徒。

当人们闻讯赶来时，发现她爬过的地方已被血染红了。人们含着泪告诉她“一名歹徒已经抓获，另一名也难逃法网。”她听完后，便昏过去了。人们抬起她，飞速送往医院。

田淑娟出生在天津的一个普通工人家庭，在父母的言传身教下，从小就锻炼成坚毅的性格。她进入中学后，认真学习《中学生日常行为规范》，模范地遵守纪律。在她担任值勤时，经常制止一些违反《规范》的现象，有时受到讽刺，可她坚持原则，总是认真严肃地劝告和制止。

1989 年 3 月，天津市和平区教育局和团委授予田淑娟“不畏强暴，勇擒歹徒的好少年”称号，同时他也是当时的“全国十佳少先队员”之一。

立警为公，执法为民的任长霞

任长霞，1964 年 2 月 8 日生于河南省睢县。1983 年加入公安队伍，作预审工作 13 年，在郑州公安系统、市政法战线及省预审岗位练兵大比武中均夺取过第一名，协助破获了大案、要案 1072 起，追捕犯罪嫌疑人 950 人。1998 年被任命为郑州市局技侦支队长后，她多次深入虎穴，化装侦察，亲自抓获了号称“中原第一”的盗窃高档轿车的犯罪团伙主犯，先后打掉了 7 个涉黑团伙，抓获犯罪嫌疑人 370 多名，被誉为警界女神探。

2001 年任长霞调任登封市公安局局长，成为河南省公安系统有史以来的第一位女公安局长，同时她也是河南省登封市公安局党委书记。她上任后，解决了十多年来的控申积案，共查结控申案件 230 多起。带领全局民警共破获各种刑事案件2870多起，抓获犯罪嫌疑人3200余人，有力地维护了登封社会治安和稳定的政治大局。2004年4月14日晚8时40分，任长霞在侦破“一三零”案件中途经郑少高速公路发生车祸，因受重伤随即被送往郑州市中心医院抢救，经过4个小时紧急抢救，终因伤势过重，不幸因公殉职，年仅40岁。2004年6月，任长霞被公安部追授为全国公安系统一级英雄模范称号。任长霞还先后荣获全国“五一劳动奖章”获得者、全国三八红旗手、中国十大女杰、全国青年岗位能手、全国优秀人民警察等20多项荣誉称号，她以自己的毕生心血忠实地履行了“立警为公、执法为民”的神圣职责。

1983年，任长霞从警校毕业，到郑州市公安局中原分局预审科当上了一名民警。当英姿飒爽的任长霞来到中原分局时，她就在日记本中写下一段话：“能成为一名打击犯罪、保护人民的人民警察，能亲手抓获犯罪分子、还老百姓公道，是我人生最大的追求。”从此以后，她就按着这条自己立下的誓言，尽心尽力地干着公安工作。

任长霞注重探索和积累办案经验，提高审讯技巧。凭着自己娴熟的预审技能，顽强的工作作风，她直接审理了各类刑事案件1072起，追捕逃犯950人，在河南省预审战线上作出了突出贡献。

1998年，任长霞被提拔为郑州市公安局技侦支队支队长。她带领支队民警在短短两年的时间里，跑遍了全国20多个省、市，破获了近300余起抢劫、杀人等重特大案件，抓获了350多名犯罪嫌疑人。

2001年4月，郑州市公安局技侦支队支队长任长霞调任登封市公安局局长。刚上任的任长霞，面临严峻的考验：民警队伍涣散、积案堆积如山、群众怨声不断，行风评议年年倒数第一。这些都令刚上任的她感到痛心不已，可是她却没有悲观，也没有责备他人。她决定以身作则，努力用最快的速度治理好登封市公安局存在的种种问题。下定决心后，她深入基层调查摸底，跑遍了登封17个乡镇区派出所，找到了存在问题的症结所在。随即从“从严治警”入手，清除了队伍中的3个害群之马，15名长期不上班、旷工、迟到以及参与违法违纪行为的民警被开除和辞退。此举令登封民警的精神面貌为之焕然一新。

在整顿队伍、严肃警风的同时，任长霞将全部精力集中到了破大案、破积案，打响了一场又一场攻坚战。“四一五”东金店强奸焚尸案、“四一八”大冶镇火石岭村绑架案、“五一八”特大盗枪案、“五二八”石道杀人案、“六九”强奸轮奸女教师案、“七二”唐庄杀妻杀子案等一系列大要案纷纷告破。

刑事犯罪案件破获了，任长霞又着手解决深层次问题。2001 年 4 月 23 日，她从一封平常的群众来信中了解到，松颖避暑山庄老板王松纠集家族成员和两劳释放人员在白沙湖一带横行乡里，敲诈勒索，致使上百人受到伤害，7 人丧命，民怨极大。她决心挖掉这颗毒瘤。2001 年 4 月 29 日，王松手下的爪牙因参与作案被抓获，王松企图以钱开路，打通关节，救出这几个“弟兄”。5 月 1 日晚，王松来到任长霞办公室，随手甩出一沓钱放在桌子上说：“手下人捅了篓子，请任局长高抬贵手，网开一面。”任长霞严词拒绝，并将计就计，令民警将王松擒获。

2001 年 4 月 25 日，任长霞抽调 20 余名民警成立“控申专案组”，按照“立足化解，妥善处置”的思路，变上访为下访，变被动为主动，把控申工作查处信访积案作为一项“民心工程”，纳入工作的整体目标，她把每周六定为局长接待群众日，诚心倾听群众呼声。据不完全统计，3 年来共接待群众来信 3467 人次，使 476 户上访老户罢访息诉，被广大人民群众赞誉为“任青天”“女包公”。

登封市有两起家喻户晓的强奸杀人案。一起是西岭区域内自 1997 年到 2001 年的 5 年间，先后有多人被抢劫、被杀，数名妇女被强奸，案件难以侦破，群众反映强烈。任长霞经研究决定将此案定为攻坚战的重中之重，抽调精干力量强力侦破，终于在 2001 年 8 月 1 日将犯罪嫌疑人王少峰抓获归案。另一起是长达 11 年未破的两少女被奸杀案，任长霞多次召开党委会研究部署此案的侦破工作。她在一次接待来访群众时获知一条重要线索，迅速组织民警顺线追踪，终于将犯罪嫌疑人赵占义擒获。在短短的几个月时间内，登封市公安局共查结 1998 年以来控申积案 71 起，使多年的上访老户息诉停访，老百姓终于有了笑脸。

2004 年 1 月 30 日，登封市告城镇发生了一起强奸杀害幼女案。任长霞亲自挂帅，力求实现“命案必破”。她在专案组与侦察员同吃同住同工作，一住就是 73 天。

2004 年 4 月 13 日 7 时 30 分，她开始组织调集警力，预备处置一起突发事件，并动员讲话。8 时 30 分到 13 时 30 分，任长霞一直在事件现场。13 时 30 分，她接到群众电话报警：5 名儿童被拐骗。任长霞开始组织营救，两个事件同时指挥。17 时 20 分，孩子在郑州被安全解救；10 分钟后，任长霞接到通知，赶往部城，参加案件分析会，直至午夜 23 时 30 分。

2004 年 14 日早上 9 时，任长霞赶到郑州，向上级领导汇报案情，制定出了下一步侦破方向。下午又在郑州查证了另外两条案件线索。为部署当晚的侦破抓捕工作，任长霞结束在郑州的工作后，急匆匆返回登封。当晚 8 时 40 分，任长霞所乘车辆在郑少高速公路遭遇车祸，当即重伤昏迷，因伤势过重，抢救无效，于 4 月 15 日凌晨 1 时离开了人世，年仅 40 岁。

任长霞常说："作为一名领导干部，要事事、处处、时时以个人的人格力量去教育大家，感化大家，激励大家。"作为一位公安局长，任长霞无疑面临着金钱、权力和法律的考验。自从参加工作以后，总是有人通过直接、间接的关系来靠近她，给她送去金钱、物品，想以此来换回某些好处，但是都被她拒绝了。因为她知道，这样就会失确法律的公正性。任长霞自始至终都保持着一种"立警为公，执法为民"的自觉性。

烈火中永生的邱少云

邱少云，中国人民志愿军一级英雄，四川铜梁（今重庆铜梁）人。

邱少云，1926 年出生于重庆市铜梁县少云镇玉屏村邱家沟的一个贫苦农民的家庭里。邱少云 9 岁的时候父亲去世，两年后母亲也离开了人世。失去父母的邱少云在 13 岁的那年开始了在地主家里做长工的岁月，受尽了地主的虐待。

1949 年 4 月，国民党反动派垂死挣扎，妄图挽救西南一隅，兵力不足便强拉壮丁，逼迫穷人当炮灰。邱少云也被强迫拉去当了壮丁。1949 年 12 月，刘邓大军解放了成都，四川全境也很快获得了解放。四川一得到解放，邱少云立即报名加入解放军。

1950 年 6 月 25 日，美帝国主义悍然发动了侵略朝鲜的战争，把战火烧到了鸭绿江边，严重地威胁着刚满周岁的中华人民共和国。在此关键时刻，党中央和毛主席决定，派遣中国人民志愿军开赴朝鲜，同英勇的朝鲜人民一起并肩作战，抗击侵略。

1951 年 3 月，邱少云响应毛主席“抗美援朝保家卫国”的伟大号召，加入到中国人民解放军抗美援朝的队伍中去。

1952 年 10 月，志愿军打响了上甘岭战役，要取得战役胜利，必须炸掉敌军增援必经的康平桥；要炸掉康平桥，又必须先拿下 391 高地。而敌军在 391 高地半山腰布下了一个加强营，不仅火力强大，还构筑了坚固的地下碉堡，强攻是不可能的。指挥部决定派一支部队秘密潜入敌军后沿的半山腰，埋伏 24 小时，一旦进攻时间到，便迅速消灭盘踞在平康和金化之间的 391 高地的敌军，抢占 391 高地，把战线向南推进。邱少云所在连队接受了这项光荣而艰巨的任务。

战士们出发以前，部队首长指示：“提高纪律性，坚决执行命令，是我军的光荣传统。这次任务十分重要，也非常艰巨，在任何情况下都不能暴露目标。”

深夜，准备潜入敌军后方的志愿军战士全副武装，按预定计划井井有条地迅速分散开来，隐蔽潜入到 391 高地附近一片蒿草丛生的地里。每个人从头到脚插上了蒿草，风一吹，人身上的草和地上的草同时摇动，看不出一点儿伪装的痕迹。邱少云和他所在的那个排，就在高地东边的一条长满蒿草的土坎旁边隐蔽着。

天刚蒙蒙亮，战士们首先看到的就是 391 高地上那一层层的铁丝网和一簇簇的碉堡群。一挺挺机枪从地堡的射口直对着山下，持枪的敌人在山脊上的交通壕里来回走动，还不时地用望远镜朝山下张望。战士们看到敌军如此严密防守，就更加更加警惕地监视着敌人，注视着敌军的一举一动。

十点多钟的时候，意外的情况发生了，李承晚匪军的一个班钻出了地堡，朝邱少云同志和他的战友潜伏的方向走来。

邱少云和战友们镇静地互相看看，眼神互相示意：不能动，潜伏好就是胜利。他们继续一动不动地潜伏在草地里。敌人越来越近了……突然，有两名战士被敌人发现了，吓得敌人倒退了两步，慌张地乱扫了一排子弹、扭头就朝山顶上逃跑。

在此关键时刻，要是让敌人活着回去，潜伏的机密就会暴露，后果不堪设想。观察所里的团指挥员将这一切看得非常清楚。指挥员立刻下达命令：用炮火消灭这股敌人！顿时，炮声隆隆，391 高地山坡上，筑起了一道火墙，截断了敌人的退路，一个班的敌人全部被歼灭在山腰中。

山上的敌人被这一阵炮火吓得心惊胆战，躲在碉堡内不敢有大动作，半个小时后，从南方飞来几架敌机在志愿军潜伏的上空投下了燃烧弹。有一颗燃烧弹落在离邱少云两米远的草地上，飞迸的燃烧液溅到邱少云的左腿上，眨眼工夫，插在他脚上的蒿草烧着了，火苗腾腾地冒起来，此刻，邱少云只要翻动一下身子，就可以把火苗扑灭，但是为了不暴露目标，为了这次的潜伏任务能够成功，邱少云一动不动，坚定地伏在草丛中，一会儿，烈火就蔓延到了全身。

邱少云就像一块千斤巨石般纹丝不动，烈火在邱少云身上继续燃烧着。同志们眼看着烈火在吞噬着自己的战友，急得咬破了嘴唇，几次想站起来，帮助邱少云扑灭身上的烈火。可是他们都明白这个时候要是有人动一下，整个潜伏反击计划都会失败。他们只好强忍悲痛，等待着战斗时刻的到来。

时间过得真慢，邱少云还是纹丝不动地伏在那里。为了革命，为了胜利，他咬紧牙关，顽强地忍受着烈火烧身的剧烈疼痛，把手深深地插入泥土，烈火在他身上燃烧了 30 多分钟，直到最后牺牲，他也没有发出一丝呻吟。下午 5 点 30 分，中国人民志愿军向 391 高地进攻的号角吹响了，邱少云的战友怀着满腔怒火，以排山倒海之势向敌人扑去。两颗红色信号弹腾空而起，敌人的一个加强连全部被歼，391 高地上飘扬着我军红旗。

为了表彰邱少云崇高的集体主义精神和顽强的革命意志，中国共产党志愿军某部委员会追认他为中国共产党党员，中国人民志愿军领导机关于 1952 年 11 月 6 日给他追记特等功，1953 年 6 月 1 日追授他“中国人民志愿军一级英雄”称号。同年 6 月 25 日，朝鲜民主主义人民共和国最高人民会议常任委员会授予他“朝鲜民主主义人民共和国英雄”称号，同时授予金星奖章、一级国旗勋章，并将邱少云的名字刻在金化西面的 391 高地石壁上：为整体、为胜利而牺牲的伟大的战士邱少云同志永垂不朽。

不畏权势的董宣

董宣（公元前31~43），字少平，东汉陈留郡圉县（今杞县圉镇）人。光武年间被大司徒侯霸举荐为高第，历任北海相、江夏太守、洛阳令等职，以为政清廉、不畏权势而著称于世。

董宣任北海相时，当地豪绅公孙丹盖了一栋房子，风水先生说要用人血来祭宅子，才会吉利。公孙丹听了算卦先生的话，就让儿子杀了一个路人，用他的血祭自己的宅子。

董宣听到这件事情之后，立即抓捕了公孙丹父子并将他们处以死刑。当时，公孙丹的家族还是有些势力的，他的宗族三十几人，在董宣的衙门外大肆叫喊，说是为公孙丹"鸣冤叫号"。见此情景，董宣就命令部下水丘岑把为公孙丹"鸣冤叫号"、围攻官府的三十余人全部杀死。

青州太守以滥杀罪弹劾董宣，董宣被判死刑。他在狱中日夜吟诵诗书，泰然处之，根本就没有半点惧怕之色。临刑时，光武帝派人赶到刑场，特下诏免除董宣的死刑，只给他降职处分。

后来大盗夏喜在江夏作乱，朝廷派董宣到江夏担任太守。夏喜慑于董宣的威望，不战而降。他被调任时，皇后娘家的人在担任郡都尉，董宣认为他借外戚关系做官并非真才，对他很傲慢，因此又被降职，被任命为洛阳县令。

董宣担任洛阳县令的时候，有人状告光武帝的姐姐——湖阳公主的家奴，此人杀人后藏在公主家里，官吏无法搜捕。董宣想既然无法进入公主府邸，那就在门外守着，逃犯总有出公主府的时候。于是董宣亲自带人在公主的府邸外面守着。终于有一天，那个杀人的犯人跟随着公主出门，机不可失，董宣连忙跑上去，拉住公主的车，大声地数落湖阳公主，说她作为皇亲国戚不该包庇人犯。当时湖阳公主非常生气，质问董宣一个小小的县令怎敢拦她的车。董宣不理公主的无理阻挠，当场宣布公主家奴的罪状，并当场将他处决。

董宣这一行为惹恼了湖阳公主，她觉得董宣不把自己放在眼里，不仅杀了自己包庇的家奴，还数落了自己。于是，湖阳公主就跑到光武帝处哭诉，告诉光武帝董宣欺侮了她。

光武帝听到董宣竟然敢欺侮自己的姐姐，顿时大怒，立即召董宣到大殿之上，准备将他处死。董宣见光武帝如此袒护自己的姐姐也十分生气，他愤然地对光武帝说："由于陛下的圣明，才使汉室中兴，可是现在您却纵容公主的家奴随意杀人，还怎么治理天下？不用您下令了，让我自己去死吧。"说完便一头撞到大殿的柱子上，撞得头破血流。

光武帝见董宣如此，连忙让内侍拉住他。听了董宣的话后，光武帝决定不杀他了，但是要他给湖阳公主磕头赔罪。董宣觉得自己并未犯错，不肯磕头，光武帝就让人按住他的头往下压，董宣则双手撑地，挺着脖子。光武帝无奈，只好说："强项令出宫去吧！"又赏他钱30万，他却把钱全部散给了小吏。

此事传扬出去后，京师达官豪强无不震慑，骄横气焰大为收敛。人们都称他是"卧虎"（意思是"躺着的老虎"）。百姓们一齐称赞说："现在没有人击鼓鸣冤了，因为有董少平这样的好官啊！"

建武十九年（公元43年），董宣去世，享年74岁。光武帝派人吊唁，见董宣破被覆尸，妻子在一旁号哭，家中只有几斛大麦，一辆破车。光武帝听了汇报，十分感伤地说："董宣如此廉洁，可惜直到他死后我才知道！"于是下诏赐以艾绶（艾色的印绶，即绿绶。系印纽的绿色丝带。汉官秩官阶较高，俸禄二千石以上的人才可以使用），葬以大夫（东汉官名）礼，录用他的儿子为郎中。

董宣家乡人后来在圉镇修了一座三贤祠，将他和本乡的蔡邕、江统合祀其中。

治军严明的孙武

孙武是我国春秋末期著名的军事家，著有《孙子兵法》一书。孙武曾以自己所著《兵法十三篇》（《孙子兵法》）去拜见吴王阖闾，吴王封其为将。孙武领兵打仗，战无不胜，他曾与伍子胥率吴军破楚，五战五捷，率兵6万打败楚国20万大军，攻入楚国郢都，之后“北威齐晋，南服越人，显名诸侯”。孙武所著的《孙子兵法》是我国最早的兵法，被誉为“兵学圣典”，置于《武经七书》之首。曾被译为英文、法文、德文、日文，成为国际间最著名的兵学典范之书。

孙武出生于公元前535年左右的齐国乐安（今山东广饶，一说惠民，今广饶县建有孙武祠和孙武园）。孙武的祖先叫妫满，被周天子册封为陈国国君（陈国在今河南东部和安徽一部分，建都宛丘，今河南淮阳）。后来由于陈国内部发生政变，孙武的直系远祖妫完便携家带口，逃到齐国，投奔齐桓公。齐桓公早就了解陈公子妫完年轻有为，见妫完前来投奔更是欣喜不已，于是便任命他为负责管理百工之事的工正。妫完在齐国定居以后，由姓妫改姓田，故人又称其为田完。一百多年后，田氏家族成为齐国国内后起的一大家族，地位越来越显赫，在齐国的领地也越来越大。田完的五世孙田书很有军事才干，做了齐国的大夫，后因为领兵伐莒（今山东莒县）有功，齐景公便在乐安赐了一块采地（诸侯封赐给所属卿、大夫作为世禄的田邑，又称“采邑”或“食邑”）给他，并赐姓孙氏。至此，田书又被称为孙书。孙书的儿子孙凭，也就是孙武的父亲则做了齐国的卿，成为齐国君主以下的最高一级官员。

由于贵族家庭给孙武提供了优越的学习环境，孙武得以阅读古代军事典籍《军政》，了解黄帝的作战经验以及伊尹、姜太公、管仲的用兵史实，加上当时战乱频繁，他的祖父、父亲都是善于带兵作战的将领，因此他从小也耳闻目睹了一些战争，这对少年孙武在军事方面的培养是非常重要的。

孙武生活的齐国内部矛盾重重，危机四伏。齐景公初年，齐国的左相庆封灭掉了右相崔杼。接着田、鲍、栾、高等四大家族又联合起来，赶走了庆封。后来，四大家族相互之间争权夺利的斗争愈演愈烈。孙武对这种内部斗争极其反感，不愿纠缠其中，而且在这种内乱的情况下，他的才华也得不到施展。于是，孙武便萌发了远奔他乡、另谋出路去施展自己才能的念头。而就在此时，南方的吴国国势日渐强大。孙武认为正在发展的吴国是他施展才能和抱负的地方。

大约在齐景公三十一年（公元前517年）左右，孙武离开了齐国，经过一段时间的长途跋涉后到了吴国。

孙武来到吴国后，便在吴都（今苏州市）郊外结识了从楚国来的伍子胥。孙武和伍子胥都是有抱负、有才干的人，所谓“英雄惜英雄”，两人从此结下了很深的友谊。此时，吴国的局势有些动荡不安，他们经过分析后，商量决定暂时隐居，等到有合适的机会后再做打算。

公元前515年，吴国公子光利用吴国伐楚时，国内空虚的机会，派刺客诸杀了当时的吴王僚，然后自立为王。这位吴国公子便是阖闾。阖闾即位后，加强国家建设，他先是任用伍子胥等一批贤臣；接着他接受大臣的意见，注意发展生产，积蓄粮食，建筑城垣，训练军队。更难能可贵的是，阖闾还能体恤民情，不贪美味，不听淫乐，不好女色，因而大得民心，吴国呈现出一派欣欣向荣的景象。阖闾用心地寻求各种人才，然后向长江中游发展，灭楚称雄。

隐居吴都郊外的孙武觉得这正是自己大展身手的好时机，他在隐居之地，一边灌园耕种，一边写作兵法，并请伍子胥引荐自己。终于，孙武写好了《兵法十三篇》。

阖闾即位三年，即公元前512年，吴国国内稳定，军队粮草充足、将士精悍，向西进兵征伐楚国的准备工作已经基本就绪。趁此良机，伍子胥向阖闾提出，这样的长途远征，一定要有一位深通韬略的军事家筹划指挥方能取胜，借机将正在隐居的孙武，介绍给吴王阖闾。伍子胥称孙武是个文方能安邦、武能定国的盖世奇才。但是，因为孙武一直隐居著述，根本就没有什么名气，因此阖闾认为他没有什么本事。可是他经不住伍子胥一个早上就推荐他7次的攻势，于是勉强答应伍子胥见见孙武。

孙武带着他刚写就的兵法进见吴王阖闾。阖闾看罢孙子献上的13篇兵法后，暗暗称奇。可是，阖闾又想：这些兵法看起来似乎都是可行的，可是作战与理论不同，这些兵法是否真的能用于战争呢？想来想去，阖闾决定让孙武实际演练一次，这样就可以证明他是否真的有带兵之才了。

吴王放下兵法，对孙武说：“你的《兵法十三篇》，我已经读过了，我也受益不浅，但不知实行起来如何，你能不能可用它小规模地演练一下，让我们见识见识？”

孙武回答说：“当然可以。”

吴王又问道："先生打算用什么样的人去演练？"

孙武答："随君王的意愿，用什么样的人都可以。不管高低贵贱，不分男女，都可以演练。"

听孙武这么说，阖闾就想给孙武出个难题，便要求用宫女来演练。于是，吴王下令将180名宫中美女召到宫后的练兵场，交给孙武去演练。孙武把180名宫女分为左右两队，指定吴王最为宠爱的两位美姬为左右队长，让她们带领宫女进行操练，同时指派自己的驾车人和陪乘担任军吏，负责执行军法。

一切准备就绪，孙武登上指挥台，站台上认真宣讲操练要领。宣讲完要领后，他便问道："你们都知道自己的前心、后背和左右手吧？向前，就是目视前方；向左，视左手；向右，视右手；向后，视后背。一切行动，都以鼓声为准。你们都听明白了吗？"

宫女们回答："听明白了。"

此时，孙武便击鼓发令，然而尽管孙武三令五申，宫女们口中应答，内心却感到新奇、好玩，她们不听号令，捧腹大笑，队形大乱。孙武便召集军吏，根据兵法，斩两位队长。吴王见孙武要杀掉自己的爱姬，马上派人传命说："我已经知道先生能用兵了。没有这两个美人侍候，我吃饭也没有味道。请先生赦免她们。"

孙武毫不留情地说："臣既然受命为将，将在军中，君命有所不受。"

孙武执意杀掉了两位队长，任命两队的排头充当队长，继续练兵。当孙武再次击鼓发令时，众宫女前后左右，进退回旋，跪爬滚起，全都合乎规矩，阵形十分齐整。孙武传人请阖闾检阅，阖闾因为失去爱姬心中不快，便托辞不来。孙武见阖闾不来，知道他心中不快，便亲自去见阖闾。他说："令行禁止，赏罚分明，这是兵家的常法，为将治军的通则。对士卒一定要威严，只有这样，他们才会听从号令，打仗才能克敌制胜。"听了孙武的一番解释，吴王阖闾怒气消散，便拜孙武为将军。

在孙武的严格训练下，吴军的军事素质有了明显的提高。就在公元前512年，阖闾、伍子胥和孙武，指挥吴军攻克了楚的属国钟吾国（今江苏宿迁东北）、舒国（今安徽庐江县西）。此后吴国军队在孙武的指挥下又打了不少胜仗。而他的治军严明也是他能够带领军队取胜的原因之一。

第八章　以艰苦奋斗为荣
以骄奢淫逸为耻

晋代的时候，有个人名字叫做车胤。车胤从小就很喜欢学习，但是因为家境贫寒，家里无法给他提供一个良好的学习环境。车胤白天要干活，没什么时间读书，到了晚上，因为天都黑了，而且家里也没有多余的钱买灯油，好让他点着油灯看书。

有一个夏天的晚上，车胤正在院子里背一篇文章，忽然他看见有许多萤火虫在低空中飞舞，一闪一闪的光点在黑暗中显得有些耀眼。他想，如果把许多萤火虫集中在一起，不就成为一盏灯了吗？于是，车胤便找了一个白绢口袋，然后抓了几十只萤火虫放在里面，再扎住袋口，把它吊起来。虽然不怎么明亮，但可以勉强用来看书了。从此，只要有萤火虫，他就去抓一些来当做灯用。由于他勤学苦练，后来终于有所成就。

与车胤同朝代的孙康小时候家里的境况也和车胤非常相似。他也是因为家里没有钱买灯油，晚上只能早早地睡觉。虽然他觉得这样白白浪费时间非常可惜，不过也没有办法。

一年寒冬的某个夜里，孙康从梦中惊醒，把头侧向窗户时，发现窗缝里透进一丝光亮。原来，那是月光照在厚厚的积雪上反射出来的光芒。孙康发现他可以在这些亮光中学习。于是，他立刻穿好衣服，取出书本，走出房间，在雪地里看书。虽然，冬天屋外十分寒冷，但是他一点都不退缩。要是手脚冻僵了，他就起身跑一跑，同时搓搓手指。此后，每逢有月光和积雪的时候，就是他夜里起来看书的时候。孙康的这种苦学的精神，促使他的学识突飞猛进，成为饱学之士。

车胤和孙康的故事，也就成了刻苦学习的典范，因此一直被后人传颂着。

铁人王进喜

王进喜，1923年10月8日出生于甘肃省玉门县赤金堡一个贫苦的农民家庭。1929年，玉门遭受了百年不遇的灾荒，为了活命，6岁的王进喜用一根棍子领着双目失明的父亲沿街乞讨。为了赚钱给父亲治病，10岁的王进喜和几个穷孩子一起到虎狼出没、气候变化无常的妖魔山给地主放牛。15岁时，王进喜进入旧玉门油矿当童工，年龄虽小，却干着和大人一样的重活，还经常挨工头的打骂。

1949年9月25日，玉门解放。1950年春，王进喜通过考试成为新中国第一代钻井工人。从1950年春招工到1953年秋，王进喜一直在老君庙钻探大队当钻工。

1956年4月29日，王进喜光荣加入中国共产党，这是他人生旅途的一个里程碑。入党不久，王进喜担任了贝乌5队队长，带领贝乌5队在石油工业部组织的以“优质快速钻井”为中心的劳动竞赛中，提出了“月上千，年上万，祁连山上立标杆”的口号，创出了月进尺5009.3米的全国钻井最高纪录。10月，王进喜到新疆克拉玛依参加石油工业部召开的现场会。余秋里部长、康世恩副部长把一面“钻井卫星”红旗颁发给他。贝乌5队被命名为“钢铁钻井队”，王进喜被誉为“钻井闯将”。

王进喜率领的1205钻井队在1953年到1959年6年间，共完成钻井进尺71000米，等于旧中国1907年到1949年的钻井进尺的总和。

1959年9月，王进喜出席甘肃省劳模会，被选为建国10周年国庆观礼代表和全国“工交群英会”代表。休会期间，王进喜参观首都“十大建筑”，路过沙滩时，看到行驶的公共汽车上背着“煤气包”，才知道国家缺油，他感到一种莫大的耻辱，这位坚强的西北汉子，蹲在沙滩北大红楼附近的街头哭了起来。

1960年春，我国发现了大庆油田。一场规模空前的石油大会战随即在大庆展开。满怀欣喜之情的王进喜从西北的玉门油田率领1205钻井队赶到大庆，加入了这场石油大会战。同年3月25日，王进喜带领1205钻井队到达萨尔图车站，下了火车，他一不问吃、二不问住，先问钻机到了没有、井位在哪里、这里的钻井纪录是多少。王进喜同他的1205钻井队发现在他们面前的是难以想象的困难：没有公路，车辆不足，吃和住都成问题。不过，王进喜和他的1205钻井队下定决心：有天大的困难也要高速度、高水平地拿下大油田。

1205队的钻机到时，没有吊车和拖拉机，汽车也不足。王进喜就带领全队工人用撬杠撬、滚杠滚、大绳拉的办法，“人拉肩扛”把钻机卸下来，仅用了4天的时间就将钻机运到萨55井井场，把40米高的井架竖立在茫茫荒原上。井架立起来后，没有打井用的水，王进喜组织职工到附近的水池子破冰取水，带领大家用脸盆端、水桶挑，硬是靠人力端水50多吨，保证了按时开钻。之后王进喜他们又以“宁可少活二十年，拼命也要拿下大油田”的顽强意志和冲天干劲，苦干5天5夜，打出了大庆第一口喷油井，萨55井于4月19日胜利完钻，进尺1200米，首创5天零4小时打一口深井的纪录。

1960年4月29日，1205钻井队准备往第二口井搬家时，王进喜右腿被砸伤，却仍在井场坚持工作。由于地层压力太大，第二口井打到700米时发生了井喷。危急关头，王进喜不顾腿伤，扔掉拐杖，带头跳进泥浆池，用身体搅拌泥浆，最终制服了井喷。房东赵大娘看到王进喜整天领着工人没有白天黑夜的干，饭做好了也不回来吃，感慨地对王进喜带领的1205钻井队的队员说：“你们的王队长可真是个铁人哪！”时任大庆石油会战指挥部工委书记余秋里耳闻此事之后，连声称赞赵大娘叫得好。在第一次油田技术座谈会上，余秋里号召4万名会战职工向王进喜学习——“学铁人、做铁人，为会战立功，高速度、高水平拿下大油田！”从此王进喜成了大庆的第一面旗帜。

1960年7月1日，会战指挥部召开庆祝建党39周年和大会战第一战役总结大会，突出表彰了王进喜、马德仁、段兴枝、薛国邦和朱洪昌，他们被树为大会战的“五面红旗”。一个铁人前面走，千百个铁人跟上来。石油大会战出现了喜人的局势。

1960 年，王进喜带领 1205 钻井队连续创出了月“四开四完”“五开五完”的好成绩，到年底，共打井 19 口，完成进尺 21258 米，接连创造了 6 项高纪录，轰轰烈烈的石油大会战很快取得了显著成果。

1960 年 6 月 1 日，大庆油田首车原油外运。1960 年底，大庆油田生产原油 97 万吨。

1961 年 2 月，王进喜被任命为钻井指挥部生产二大队大队长，负责管理分布在大荒原上的 12 个钻井队。他经常身背干粮袋，骑着摩托车或步行，深入到各井场调查研究，检查工作，帮助基层解决各种实际问题。当上大队长后，王进喜发现没有文化对于自己的工作十分不便，于是他便拜机关干部为师，抓紧一切机会学文化。他说：“我认识一个字，就像搬掉一座山。我要翻山越岭去见毛主席。”经过两年多的时间，铁人已经可以独立地看报、读文件、学“毛选”，甚至可以列出简单的发言提纲了。

除了学习文化知识外，王进喜还带领着工人们不断地从实际需要出发搞技术革新。为提高钻井速度，他和工人改革了游动滑车。为打好高压易喷井，他带领工人研究改进泥浆泵。为提高钻井质量，他和科技人员一起研制成功控制井斜的“填满式钻井法”。他还在多年的钻井工作中摸索出一套高超的“钻井绝技”，能根据井下声音判断钻头磨损情况。

1961 年春，部分井队为了追求速度，产生了忽视质量的苗头，当时 1205 队打了一口不合格的井，这口井打斜了八度。为了扭转这种情况，4 月 19 日，油田召开千人大会，对钻井质量问题提出严肃批评，被人们称为“4. 19 事件”。事后，已担任大队长的王进喜带头背水泥，把超过规定斜度的井填掉了。他说：“我们要让后人知道，我们填掉的不光是一口井，还填掉了低水平、老毛病和坏作风。”

1963 年，中国向全世界庄严宣告：中国石油基本自给。

1964 年年底，王进喜当选为第三届全国人大代表，出席大会并代表工人作了报告。

1965 年 4 月，王进喜被任命为钻井指挥部副指挥。

1965 年 7 月，在石油工业部第二次政工会上，王进喜应邀作了报告，他在发言中首次提出了：“要让我们国家省省有油田，管线连成网，全国每人每年平均半吨油”的奋斗目标。“文化大革命”开始后，大庆油田生产受到严重干扰和破坏。1966 年 12 月 31 日，王进喜毅然到北京向周总理汇报大庆油田生产的严峻形势。返回大庆后，他走遍油田，贯彻总理的指示精神，大声疾呼“大庆生产一天也不能停”。一些人罗织罪名，对他进行残酷迫害，妄图让他屈服。可是王进喜则大声地说：“想让我承认大庆红旗是黑的，那是痴心妄想，刀架脖子我也不承认！”在周总理的指挥下，继鞍钢之后，大庆实行了军管。周总理指示军管会把王进喜送到基层连队保护起来。

1968 年 5 月，大庆革命委员会成立，王进喜被推选为大庆革委会副主任。

1969 年 2 月，中共大庆党的核心小组成立，王进喜担任副组长。

1969 年 4 月，王进喜作为大庆的代表出席了在北京召开的党的“九大”，并当选中央委员，受到了毛主席的接见。

“文化大革命”期间，大庆油田出现了地层压力下降、原油产量下降，原油含水上升的糟糕局面，王进喜焦急万分。在油田呼吁得不到支持的情况下，王进喜就到北京向燃化部和国务院汇报。周总理在《当前大庆油田主要情况报告》上批示“大庆要恢复‘两论’起家基本功”。这才扭转了油田生产的被动局面。

1969 年 7 月，为了回收散落在草原上的物资器材，王进喜集中了三十余人成立了废旧物资回收队，带领工人们风里雨里地为国家回收散失的废旧物资。

1970 年春节前，王进喜受周总理委托到江汉油田慰问，并做了大量的解放干部、稳定队伍的工作。

1970 年 4 月 5 日，全国石油工作会议在玉门召开。王进喜作为特邀代表参加大会。他在会上大声疾呼要恢复光荣传统，并充满信心地提出“大庆产量要上四千万吨，全国产油一亿吨”等一系列远大的奋斗目标，引起与会者的强烈反响。玉门会议期间，王进喜胃病发作。后经解放军 301 医院检查确诊为胃癌晚期。

1970 年 10 月 1 日，王进喜抱病参加国庆观礼，以中共中央委员身份检阅游行队伍。国庆节刚过，铁人的病情就急剧恶化。临终前，他用颤抖的手取出一个小纸包，交给守候在床前的一位领导同志。打开纸包，里面是他住院以来组织给他的补助款和一张记账单，一笔一笔记得清清楚楚，一分也没有动。王进喜说："这笔钱，请把它花到最需要的地方去，我不困难。"在场的人无不为之动容，流下了感动的泪水。临终前，弟弟王进邦守候在病榻边，王进喜手拿300元钱交给他，强忍剧痛断断续续地说："看情况，我可能看不到咱妈了，妈这一辈子很苦，你就多替我尽孝道吧。"

1970年11月15日23时42分，王进喜同志因医治无效不幸病逝，时年47岁。

1970年11月18日，在北京八宝山革命烈士公墓举行了向王进喜同志告别仪式。党和国家领导人李先念等以及中组部、石油工业部、黑龙江省的领导，大庆油田、玉门油田的干部和群众来向铁人告别。

王进喜之所以能得到大家的爱戴，主要是因为他不仅工作认真，同时也非常关心身边的每一个人。他看到天冷时工服不保暖、工人挨冻，就到缝补厂建议把棉工裤后腰加高加厚，给工人做皮背心和皮护膝。钻井生产、生活特别是住房、吃粮面临困难时，他利用工余时间带领职工和家属开荒种地，烧砖、割苇盖"干打垒"住房，让工人和家属"吃饱肚子去会战""回来有个窝"。大队驻地离市镇比较远，工人和家属买粮、邮信、看病都不方便，他又带领职工家属想方设法办起了商店、粮店、邮局、豆腐坊、卫生所等，建起了设施比较齐全的生活基地。钻工子女没处上学，整天在荒原上玩耍，他带领人们在大队机关附近支起一顶帐篷，建起了大队级第一所小学——帐篷小学。

好书记焦裕禄

焦裕禄，1922年8月16日出生在山东省博山县崮山乡北崮山村（今属山东省淄博市博山区北崮山村）一个贫农家庭里。焦裕禄只在幼年时代读了几年书，1932年，焦裕禄的家乡遭遇灾荒，因生活所迫，10岁的焦裕禄被迫退学，跟随穷乡亲推着独轮小车运煤卖煤。

在抗日战争初期，焦裕禄的生活非常困难，再加上日寇、反动派等的剥削和压迫，他们家的生活就更加困难了。焦裕禄的父亲在抗日战争最艰苦的日子里，走投无路最后上吊自杀。日伪军统治时期，焦裕禄曾多次被日寇抓去毒打、坐牢，后又被押送到抚顺煤矿当苦工，1943 年秋天焦裕禄逃出虎口回到家中，因无法生活下去，又逃到江苏省宿迁县，给一家姓胡的地主打了两年长工。

1945 年抗日战争胜利后，焦裕禄从宿迁县回到了自己的家乡。当时他的家乡虽然还没有解放，但是，共产党已经在这里领导群众进行革命活动，焦裕禄自动要求当民兵。当了民兵后，他参加了解放博山县城的战斗。

1946 年 1 月，焦裕禄加入了中国共产党。他在入党申请书上这样写道：共产党是人民群众的救星，没有共产党，革命就不能胜利，穷人就不能翻身。我要听毛主席的话，跟共产党走，为推翻旧社会，建立新中国，实现共产主义而奋斗！

1946 年 3 月，焦裕禄被调到八陡区武装部任干事。在武装部工作期间，他领导当地民兵坚持游击战争。有一个时期，民兵缺乏弹药，他就根据上级指示，带领大家积极学习自制地雷、布地雷阵。

1947 年春，盘踞在淄川、博山、章丘三个县的还乡团纠合在一起，准备扫荡崮山根据地。当时，敌众我寡，力量悬殊，想要主力部队来增加增援，可是时间已经来不及。在研究对策时，焦裕禄提出了一个智退敌人的办法。他派 6 位战士在黑山、岳庄一带的民房门上用粉笔写上“八路 x 团 x 营驻”、“x 团 x 营 x 连驻”等字样。当敌人经过这里，见到民房上的粉笔字时，大吃一惊，以为八路军主力部队马上就要开来，慌忙下令后撤。等到敌人弄清虚实，再回过头来的时候，我增援部队已赶到，还乡团被打得落花流水，崮山根据地得以保全。

1947 年 7 月，为了帮助新解放区人民翻身求解放，焦裕禄被调到渤海地区南下工作队，集训后分配到淮河大队一中队任班长。在南下途中，他经常替女同志和身体差的队员扛背包、背干粮袋。最多时，他一个人竟背了四个人的背包。为了做好对新解放区群众的宣传工作，沿途他们还排演了一些节目。由于几乎没有什么排练时间，焦裕禄就边行军边背台词。休息和宿营时，他就抓紧时间集中排练，常常忙得连饭也顾不上吃。就这样他们只花了二十几天的时间，就排出了一场精彩的剧目，达到了很好的宣传效果。看完节目后，很多年轻人纷纷报名参军。

1948 年 2 月 13 日，南下工作队到达河南境内，焦裕禄被分配到尉氏县彭店区，发动群众建立根据地。他广泛发动群众，并在当地的区委和群众的努力下，建立了农会和民兵组织，并且给当地的农民分了土地。面对彭店出现的新局面，盘踞在彭店边缘地区的国民党军队还想要负隅顽抗。1948 年 3 月的一天，鄢陵县保安团长、大土匪头子洪启龙亲自带领四百多名匪兵，杀气腾腾地向彭店村扑来。当时，村里干部、民兵总共只有 15 人，3 支短枪，10 多支长枪。焦裕禄镇定自若，把干部、民兵分三个组，一面组织群众转移，一面指挥民兵掩护。当敌人离村子只有几十米时，焦裕禄鸣枪发令，十多支枪一齐射击，埋伏的群众蜂拥而起，齐声高喊："冲啊！冲啊！"洪启龙和他的匪兵团看到这阵势，被吓倒了，以为遇到解放军主力部队了，吓得惊慌失措，仓皇逃跑。

1948 年 5 月，焦裕禄被调任尉氏县宣传部任干事。当时，正当小麦要开镰收割之际，县委突然接到情报，说是敌军准备扫荡彭店区，抢收麦子。收到消息后，焦裕禄迅速赶到彭店区向基层干部和群众讲明敌情和县委指示精神，带领群众一面抢收麦子，一面隐藏转移。待敌人赶来时，田里的麦子已收打完毕。敌人不但没有抢到麦子，反而连遭伏击。

1948 年冬，淮海战役时期，焦裕禄根据上级指示，组织带领担架队，投入到支援淮海战役的伟大斗争中。在这次支援中焦裕禄以身作则，埋头苦干，以模范行动影响别人，提前完成了运输工作，受到上级的表扬。

1949 年春，焦裕禄完成支前任务后，由淮海前线返回尉氏县，被任命为大营区副区长，负责剿匪反霸工作。焦裕禄圆满地完成了任务。

1950 年夏，焦裕禄被提升为大营区委副书记兼区长。

1950 年冬，焦裕禄任共青团尉氏县委副书记。面对新的工作，新的环境，焦裕禄没有犹豫，力挑重担，在实践中摸索，在工作中学习。一上班，他口袋里就多了一个小本本，专门记党的大事和团的业务。

他还非常注意和年轻一代交流，帮助他们解决困难。他曾对自己的老战友说："咱们做过团的工作的人不能忘了青年，要永远把教育青年的任务担在肩上。"

1953 年，我国开始了大规模的经济建设，党从各个方面抽调大批优秀干部，把他们派往工业战线。焦裕禄就是其中的一员。1953 年 7 月，焦裕禄被调到洛阳矿山机器厂，担任筹建处资料办公室秘书组的副组长，负责搜集洛阳的水文、地质、气象等历史资料，为选择厂址提供科学根据。从农业战线到工业战线后，焦裕禄下决心从头学起。1954 年，洛阳矿山机器厂党委决定焦裕禄和一部分转业干部到哈尔滨工业大学学习。在此期间，焦裕禄刻苦钻研工业管理知识，为由外行变为内行奠定了理论知识的基础。

1955 年初，洛阳矿山机器厂决定提前开工生产。焦裕禄又被分配到大连起重机厂机械加工车间，担任实习车间主任。当得知一般人学会工厂中的管理业务需要一两年的时间时，焦裕禄下决心加快步伐，缩短实习时间，整天同工人一起劳动。凡是同管理业务有关的问题，他都刨根问底。有时为弄清某个零件的加工过程，他一连跑几个车间。为了早日掌握工业管理知识，他一面跟调度员学调度，一面跟计划员学安排生产计划。在不懈的努力下，焦裕禄终于学有所成。他还先后在《起重机厂报》发表了一系列的文章。

1956 年底，焦裕禄满载学习成果回到洛阳矿山机器厂，担任一金工车间主任，带领职工投入到紧张的设备安装工作中。1958 年春，设备安装尚未结束的一金工车间接到试制两米五双筒卷扬机的任务。当时摆在一金工车间面前的问题是：设备不全，人员不齐，缺乏经验。为了完成任务，焦裕禄日夜不离车间，始终和工人劳动在一起，打水、送饭、递工具、喊吊车。实在困极了，就把大衣铺在一条长板凳上合一下眼，经过两个月的奋战，一金工车间制成了我国第一台新型两米五双筒卷扬机。

1959 年春，洛阳矿山机器厂全面投产，焦裕禄又任厂里的调度科长，担负起全厂的生产调度任务。

1962 年冬，焦裕禄接受党的委派到了兰考。当时兰考的风沙、内涝、盐碱等自然灾害很严重，农业产量很低，群众生活十分艰苦。就在焦裕禄到兰考的这年春天，风沙打毁了 20 万亩麦子，洪水淹坏了 30 万亩庄稼，盐碱地上有 10 万亩禾苗被碱死，兰考全县的粮食产量下降到历史的最低水平。焦裕禄到了兰考说了这么一句话："不改变兰考的面貌，我决不离开这里。"就是坚守这样的信念，焦裕禄开始了他的改变兰考的工作。

焦裕禄到兰考的第二天就开始深入到农村调查访问去了。他深入到每家每户，了解当地群众的生活、生产情况；全面了解灾情及其原因，寻找救灾办法；教育干部发扬艰苦奋斗的优良作风；鼓励兰考人民要建立抗灾自救的精神，下定自力更生、艰苦奋斗的决心。

焦裕禄经常住在农民的草庵子里，蹲在牛棚里跟群众一起吃饭，一起劳动。通过调查，焦裕禄明白了两件事情：一是要改变兰考面貌，干部是关键。二是兰考人民有强烈的改变兰考面貌的愿望。

1963年元月，焦裕禄在县委扩大会议上，要求各级领导同志带头到困难村去，与基层干部同甘苦、共患难，为改变贫困地区面貌作出贡献，为基层干部作出榜样，真正做到心不离群众，身不离灾区。

在一个风雪交加的夜晚，焦裕禄召集在家的县委委员开会。人们到齐后，他没有宣布议事日程，而是领着大家到火车站去了。当时，兰考车站上北风怒号，大雨纷飞。车站的屋檐下，挂着尺把长的冰柱。国家运送兰考一带灾民往丰收地区的专车，正从这里开过。也还有一些灾民，穿着国家救济的棉衣，蜷曲在货车上，拥挤在候车室里……

焦裕禄指着他们，沉重地对同志们说："他们绝大多数人都是我们的阶级兄弟。是灾荒逼迫他们背井离乡的，不能责怪他们，我们有责任。党把这个县三十六万群众交给我们，我们不能领导他们战胜灾荒，应该感到羞耻和痛心……"

县委一班人受到了一次最实际、最生动的思想教育，增强了率领广大干群团结奋斗，努力改变兰考面貌的决心。

后来，焦裕禄又专门召开了一次常委会，回忆兰考县的革命斗争史。焦裕禄在会上说："兰考这块地方，是先烈们用鲜血换来的，先烈们并没有因为兰考人穷灾大，就把它让给敌人，难道我们就不能在这里战胜灾害?"在他的带动下，兰考全县迅速展开了"如何战胜灾荒，改变兰考面貌"的大讨论。县委领导干部，纷纷走出县委机关，到农村住队蹲点。焦裕禄到许多重灾村调查研究，通过走、看、问、记，获得了大量的第一手资料，同时也发现了不少令人深思的问题。

1963年2月，兰考县委县委决定在全县范围内开展治沙、治水、治碱的斗争，成立除"三害"办公室。焦裕禄深深地了解到，要把"三害"从兰考土地上像送瘟神一样驱走，必须进行大量艰苦细致的工作，付出高昂的代价。他下决定把兰考县1080平方公里土地上的自然情况摸透，亲自去掂一掂兰考的“三害”分量。

根据这一想法，县委先后抽调了120名干部、老农和技术员组成一支三结合的“三害“调查队，在全县展开了大规模的追洪水、查风口、探流沙的调查研究工作。当时，焦裕禄的肝病已相当严重，许多人劝他不要再下基层了，在家里听其他调查人员的报告就好了。可是，他坚持要自己亲自去看看才放心，他背着干粮、拿起雨伞，和大家一起在兰考的原野上日夜奔波。追沙，他一直追到沙落地；查水，他又是查到水归槽。干旱季节，他亲自用舌头辨别盐碱的种类和土的含碱量。

就这样，焦裕禄不顾重病缠身，忍受着严重疾病的折磨，在风里、雨里、沙窝里、激流里，坚持了4个多月，跑了全县120多个大队，跋涉五千余里，终于摸清了兰考“三害”的底细，全县有大小风口84个，经调查队一个个查清，编了号、绘了图；全县有大小沙丘1600个，也一个个经过丈量，编了号、绘了图；全县的千河万流，淤塞的河渠，阻水的路基，涵闸等也被调查得清清楚楚，绘成了详细的排涝泄洪图。

这种大规模的调查研究，使县委基本上掌握了水、沙、碱发生、发展的规律，几个月的辛苦奔波，换来了一整套又具体又详细的资料，从而县委制定出了切实可行的改造兰考大自然的规划。

从此，一场群众性的除“三害”斗争轰轰烈烈地开展起来了。在除“三害”的斗争中，为了取得经验，焦裕禄亲自率领干部、群众进行了小面积翻淤压沙、翻淤压碱、封闭沙丘试验。然后以点带面，全面铺开。焦裕禄既是指挥员又是战斗员，同干部、群众一起出力流汗。他给自己规定，把参加劳动作为日常生活的重要内容。下乡时就地劳动；在机关值班时，临近劳动。

通过一年的艰苦奋战，兰考的除“三害”工作取得了明显的成效。在总结除“三害”的工作时，焦裕禄作了这样的总结：

1. 治沙：沙区没有林，有地不养人，这是基本情况；有林就有粮，没林饿断肠，这是重要性；以林促农，以农养林，农林相依，密切配合，这是方针。造林防沙，百年大计；育草封沙，当年见效；翻淤压沙，立竿见影。三管齐下，效果良好。这是方法。

2. 治水：兰考地形复杂、坡洼相连，河系紊乱，这是客观情况；以排为主，排、灌、滞、涝、台、改兼施，这是方针；舍少救多，舍坏救好，充分协商，互为有利，上下游兼顾，不使水害搬家，这是政策；夏秋两季观察，冬春干燥治理，再观察再治理，观察治理相结合，这是方法。

3. 治碱：分清轻重，区别对待，这是方针；翻淤压碱，开沟淋碱，打埂躲碱，台田试种，引进耐碱作物，这是方法。

除“三害”斗争开始以后，焦裕禄认为要想从根本上消灭“三害”，必须进一步发动群众，采取领导和群众相结合的办法，抓典型、树样板。焦裕禄决定亲自到最困难的队去蹲点调查，访贫问苦。他在城关公社胡集大队和林业技术人员一道，研究泡桐的生产特点，并亲自带头植桐，全县人民雷厉风行，营造了浩瀚的桐林。为美化兰考大地，尽快改变灾区面貌奠定了一个良好的基础。然后，他深入全县农村调查，发现和培养了双杨树、赵垛楼、秦寨、韩村、坝子五个先进典型。

焦裕禄将这五个先进典型归纳为：韩村的精神、秦寨的决心、赵垛楼的干劲、双杨树的道路、坝子的风格。然后在全县广为宣传，让他们介绍经验，并且号召全县人民向他们学习。这五个先进典型果然给兰考县带来了前所未有的强烈影响，之后，兰考全县展开了更加轰轰烈烈的除“三害”运动。

就在兰考人民对“三害”全面出击的时候，一场比过去更加严重的灾害又向兰考袭来。1963 年秋季，兰考县一连下了 13 天雨，雨量达 250 毫米。大片大片的庄稼汪在洼窝里，渍死了。全县有 11 万亩秋粮绝收，22 万亩受灾。焦裕禄和县委全力投入了紧急的生产救灾。

那是个冬天的黄昏。北风越刮越紧，雪越下越大。焦裕禄听见风雪声，倚在门边望着风雪发呆。过了会儿，他又走回来，对办公室的同志们严肃地说：“在这大风大雪里，贫下中农住得咋样？牲口咋样？”接着他要求县委办公室立即通知各公社做好几件雪天工作。他要求所有的农村干部必须深入到户，不让人民挨饿，不让牲口受冻。

第二天，天刚亮，他就带领着一群领导班子，踏着厚厚的积雪到群众中去了。这天，焦裕禄冒着风雪，忍着剧烈的肝痛，一连走访了九个村子，访问了几十户群众。但是，他却没有在一家农户家里停留下来，烤把火，喝一口水。

1964 年春天，正当兰考人民同涝、沙、碱斗争胜利前进的时候，焦裕禄的肝病越来越重了。他开会、作报告，经常用右膝顶住肝部，不断用左手按住疼处。有时，用一个硬东西一头顶着椅子，一头顶住肝部。天长日久，他坐的藤椅，被顶出一个大窟窿，他却从不把自己的病放在心里。他说："病是个欺软怕硬的东西。你压住它，它就不欺侮你了。"县委的同志劝他住院治疗，他总是说："工作忙，离不开。"于是他们便为他请来一位有名的中医，开了药方，他嫌药贵，不肯买。他说："灾区群众生活很困难，花这么多钱买药，我能吃得下吗?"县委的同志见他如此执拗，就背着他去买来三剂，强让他服下了，但他执意不再服第四剂。

焦裕禄的病情越来越严重了，可是他还是没有停下自己的工作。有一次，他骑自行车下乡到三义寨公社检查工作。车子走到到半路，他的肝病发作，疼得厉害，他就推着自行车慢慢地走到公社。到了那以后，大家发现他的脸色不好，劝他休息一会儿，他笑笑说："谈你们的情况吧，我不是来休息的。"焦裕禄一边听着汇报，一边按着肝部记笔记。剧烈的肝疼使他手指发抖，钢笔几次从手中掉下来，但是他仍然坚持听下去。

1964 年 3 月，焦裕禄的肝病更加严重，兰考人民除"三害"的斗争也达到了高潮。此时他准备写一篇《兰考人民多奇志，敢教日月换新天》的文章。可是文章只开了个头，他的肝病又犯了。这次，县委决定无论如何都要将他送进医院。临行那一天，由于肝痛得厉害，他是弯着腰走向车站的。他几次向送行的同志们说，不久他就会回来的，在火车开动的前几分钟，他还在认真地布置工作，要县委的同志们抓好抗灾斗争。

焦裕禄的病越来越严重，医生们开出了最后诊断书，上面写道："肝癌后期，皮下扩散"，这是不治之症。

县里的同志和兰考的群众代表前来看他，他不谈自己的病，首先问县里的工作、生产情况。问张庄的沙丘封住了没有？赵垛楼的庄稼淹了没有？秦寨盐碱地上的麦子长得咋样？老韩陵的泡桐树栽了多少？他还嘱咐同志们："回去对县委的同志们说，叫他们把我没有写完的那篇文章写完，还有，把秦寨盐碱地上的麦穗拿一把来，让我看看。”

1964 年 5 月 14 日，焦裕禄因肝病医治无效离开了人世，时年 42 岁。在追悼会上，一位农民泣不成声地说出了兰考人民的心里话：“俺的好书记，你是为俺兰考人民活活累死的呀!”

焦裕禄过世后，人们整理他的遗物时发现，他的办公桌、文件柜都是原兰封县委初建时买的，有不少地方破损。曾有人劝焦裕禄换个新的，他没有采纳这个建议，只是修了一下，照样使用。他用过的一条被子上有 42 个补丁，褥子上有 36 个补丁，当人家让他换床被子时，他说：“我的被子破了，是需更换新的，但应该看到，灾区的群众比我更需要。其实，我这就很好，比我要饭时披着麻包片，住在房檐底下避雪强多啦!”焦裕禄的衣、帽、鞋、袜都是拆洗很多次，补了又补，缝了又缝的，虽然破旧得很厉害，但是焦裕禄总是舍不得换。

一次，有位干部提出要装潢一下领导干部的办公室，焦裕禄严肃地说：“坐在破椅子上不能革命吗？兰考的灾区面貌还没有改变，群众生活还有困难，富丽堂皇的事不但不能做，就是连想也很危险。”后来，焦裕禄还找这位领导干部谈了几次话，帮助他认识错误。焦裕禄对他说：“兰考是灾区，比不得丰收区。即使是丰收区，你提的那种计划，也是不应该做的。焦裕禄劝这位领导干部到贫下中农家里去住一住，到贫下中农中间去看一看。去看看他们想的是什么，做的是什么。”不久之后，这位领导干部认识了错误，自己收回了那个“建设计划”。

焦裕禄始终保持艰苦朴素的作风，他长期有病，家里人口又多，生活比较困难，可是他坚决拒收救济。他说：“兰考，是个重灾县，人民的生产、生活都很困难，我们应该首先想到他们。要把这些钱用到改变兰考面貌的伟大事业上去，用到改善兰考人民的生活上去。”

焦裕禄还经常提醒干部们说：“新干部不参加劳动，就不能明确树立阶级观点、群众观点；老干部长期不参加劳动思想就要起变化，要变颜色。”焦裕禄身体力行，无论工作多忙，总是坚持参加集体生产劳动，始终保持劳动人民的本色。他经常和群众一起干活，群众身上有多少泥，他身上就有多少泥。他经常和群众一起翻地、封沙丘、种泡桐、挖河渠……就在县委决定让他住院治疗的前几天，他还在红庙公社葡萄架大队和群众一起劳动。

焦裕禄去世后的这一年，兰考县的全体党员，全体人民，用汗水灌溉了兰考大地。经过三年艰苦努力，焦裕禄生前制订的改造兰考大自然的蓝图，已经变成了现实。兰考，这个豫东历史上缺粮的县份，1965 年粮食初步自给了。全县 2574 个生产队，除 300 来个队是棉花、油料产区外，其余的都陆续自给，许多队有了自己的储备粮。

1965 年，兰考县连续旱了 68 天，从 1964 年冬天到 1965 年春天，刮了 72 次大风，却没有发生风沙打死庄稼的灾害，19 万亩沙区的千百条林带开始把风沙锁住了。这一年秋天，连续下了 384 毫米暴雨，全县也没有一个大队受灾。

1964 年 11 月，中共河南省委号召全省干部向他学习。1966 年 2 月 1 日，河南省人民政府授予他“革命烈士”称号。1966 年 2 月 7 日，《人民日报》发表了《向毛泽东同志的好学生焦裕禄学习》的社论和《县委书记的榜样——焦裕禄》长篇通讯，高度赞扬了焦裕禄彻底的革命精神。兰考人民为了缅怀他，专门为他建立了兰考焦裕禄纪念园，以供人们来凭吊他。

自力更生的典范三五九旅

三五九旅是抗日战争时期八路军第一二零师主力旅之一。

1937 年 8 月，中国工农红军第二方面军第六军团和红军第三十二军、红军总部特务团一部，在陕西省富平县庄里镇改编为国民革命军第八路军第一二零师第三五九旅。陈伯钧任旅长、王震任副旅长，下辖由红六军团编成的第七一七团、由红军第三十二军等部编成的第七一八团，共 5000 余人。

1937 年 9 月 3 日，第三五九旅分为两部分行动。陈伯钧率第七一八团和旅直属营一部留守陕甘宁边区，后归八路军留守兵团建制。王震率第七一七团和旅直属营一部共 2100 余人，以第三五九旅的番号东渡黄河，开赴山西抗日前线。随后，王震部在五台、平山（属河北省）一带发动群众、扩充部队，开辟抗日根据地，并配合国民党军进行忻口、太原作战。10 月，王震任旅长兼政治委员、刘子奇任参谋长、袁任远任政治部主任。1938 年 1 月，第三五九旅进行整编。

百团大战之后，日军对我各根据地进行大扫荡，国民党也实行封锁政策，边区政府生存日益艰难，延安迎来了 8 年抗战中最为艰苦的岁月。军民几乎到了没衣穿、没油吃、没鞋袜、没被子的地步，就连毛泽东开会作报告，也穿着带补丁的衣服。

面对日益困难的经济形势，毛泽东在延安发动了大生产运动：他率先垂范，在杨家岭的办公楼下亲手开辟了一片荒地，种上辣椒、西红柿等蔬菜；朱德背着箩筐到处拾粪积肥；周恩来迅速成了纺线能手。同时，毛泽东、朱德命令王震率八路军 120 师三五九旅从绥德回师延安，开赴南泥湾地区，在随时保持战斗准备的情况下，以南泥湾为基地屯田开荒，发展生产。

1941 年 3 月，八路军三五九旅由王震率领，进驻延安以南的南泥湾，开荒种田。

初进南泥湾时，三五九旅的日子过得非常艰苦，没有地方住，没有蔬菜吃，没有工具，犁地靠人拉，冬天少衣穿。由于长期喝树根水，一些人还得了大骨节病。不过这些困难都没有难倒他们，没有房子住，屯垦官兵就搭草棚，挖窑洞；没有粮食，就赶到几十公里甚至数百公里以外去背粮、运盐，到山上去挖野菜，打野兽；工具不够用，就从倒塌的古庙中抬来破钟，收集敌人扔下的炮弹弹片，打铁制造农具……

在三五九旅，不管是勤务员还是旅长，一律都被编入到生产小组中，和其他所有的战士一起参加生产。王震特意聘请 71 岁的农民朱玉环为生产教官，并批准他参军，让各部队在生产上接受他的指导。王震还亲笔签发了一份执照，上面写道："南泥湾劳动英雄朱玉环，现年 71 岁，参加我军。兹委任为本旅农业生产教官，指导本旅各部农业生产，他到各处巡视之时，望各部官兵向他请教，虚心地接受他的指导和批评，并应很好地照顾。"朱老汉很高兴地接受了聘请，又从延安三十里铺找来一位 65 岁的马老汉，一起指导战士种庄稼。

在这次开荒中，涌现出了许多的劳动模范。

罗章，从政治机关调到旅供给部任政治委员，分管全旅大生产的组织实施。他经常扛上一把为自己特制的七八斤重的大镢头，往来于全旅分散在各个山头、山坳的100多个生产点上，走到哪儿，就在哪儿和干部战士一起开荒。他说："干部的以身作则首先是要勇敢，不怕牺牲，冲锋在前。其次，干部的以身作则还要勤奋，不怕吃苦，艰苦奋斗。"

陈敏，她的丈夫谭文邦在三五九旅一个团里当政委，带领官兵整日在南泥湾开荒、挖窑洞。陈敏带着两个孩子在家纺线，纺出大批头等细纱，她的模范行动鼓舞了许多妇女走上生产战线。

1943年3月，三五九旅94个开荒能手齐集一起，进行生产大比武，有一位战士连续3天，天天保持4亩以上纪录，一位农民不服，提议他和牛比赛开荒。结果，牛被累得口吐白沫，战士还是生龙活虎的。

即使在这样艰难的环境下，三五九旅的官兵们还是非常的乐观，他们常常边劳动边歌唱。他们的歌声唤醒了这片沉睡的土地。

在他们的努力下，1941年，三五九旅共开荒种地11200亩，收获粮食1200石，打窑洞1000多孔，盖房子600余间。在红红火火的开荒竞赛中，涌现出赵占奎、李位、刘顺清等一批劳动模范。

1941～1943年，每年上交给边区政府1万石公粮。在大生产运动中，坚持以农为主，全面发展，先后开办纺织、皮革、造纸工厂13个，成立盐业、土产、运输等公司，开办饭店、商店、军人合作社和各种加工小作坊等，形成军民兼顾、公私兼顾、多层次的生产经营形式。在1942年2月中共西北局高级干部会议上，第三五九旅被誉为边区大生产运动的一面旗帜，毛主席题词赞誉第三五九旅是"发展经济的前锋"。在大生产运动中，第三五九旅还开展了大规模的练兵运动，并在1943年春播和中耕后开展了整风运动，保障和推动了练兵、生产各方面任务的完成。

水利家李冰

李冰，今山西运城人，是战国时期的水利家，对天文地理也有研究。秦昭襄王末年（约公元前256－前251年）为蜀郡守，在今四川省都江堰市

（原灌县）岷江出山口处主持兴建了中国早期的灌溉工程——都江堰，因而使川西平原富庶起来。

李冰曾在都江堰安设石人水尺，这是中国早期的水位观测设施。他还在今宜宾、乐山境内开凿滩险，疏通航道，又修建汶井江（今崇庆县西河）、白木江（今邛崃南河）、洛水（今石亭江）、绵水（今绵远河）等地实施灌溉和航运工程，还修索桥，开盐井。老百姓怀念他的功绩，建造庙宇加以纪念。北宋以后还流传着李冰之子李二郎协助李冰治水的故事。

古代蜀地（今四川）非涝即旱，有“泽国”“赤盆”之称。秦惠文王九年（公元前316年），秦国吞并蜀国。大约在秦昭王五十一年（公元前256年），秦为了将蜀地建成其重要基地，决定彻底治理岷江水患。为了治水，秦任命精通治水的李冰为蜀郡守。李冰到蜀郡后，亲眼看到当地水患之严重。当时，发源于成都平原北部岷山的岷江，沿江两岸山高谷深，水流湍急，到灌县附近，水势浩大，往往冲决堤岸，泛滥成灾；从上游挟带来的大量泥沙也容易淤积在这里，抬高河床，加剧水患；特别是在灌县城西南面，有一座玉垒山，阻碍江水东流，每年夏秋洪水季节，常造成东旱西涝。

因此，李冰到任不久，便开始着手进行大规模的治水工作。

李冰和他的儿子二郎沿岷江岸进行实地考察，了解水情、地势等情况，制定了治理岷江的规划方案。为了使岷江的水能够东流，首先把玉垒山凿开了一个二十米宽的口子，叫它“宝瓶口”。被分开的玉垒山的末端，状如大石堆，就是后人称作的“离堆”。此外，他还采取了在江心中构筑分水堰的办法，把江水分做两支，逼使其中一支流进宝瓶口。在修筑分水堰的过程中，采用江心抛石筑堰失败后，李冰另辟新路，让竹工编成长三丈、宽二尺的大竹笼，装满鹅卵石，然后一个一个地沉入江底，终于战胜了湍急的江水，筑成了分水大堤。大堤前端开头犹如鱼头，所以取名叫“鱼嘴”。它迎向岷江上游，把汹涌而来的江水分成东西两股。西股的叫外江，是岷江的正流；东股的叫内江，是灌溉渠系的总干渠，渠首就是宝瓶口，流经宝瓶口再分成许多大小沟渠河道，组成一个纵横交错的扇形水网，灌溉成都平原的千里农田。分水堰两侧垒砌大卵石护堤，内江一侧的叫内金刚堤，外江一侧叫外金刚堤，也称“金堤”。分水堰建成以后，内江灌溉的成都平原就很少有水旱灾了。

以后，为了进一步控制流入宝瓶口的水量，在鱼嘴分水堤的尾部，又修建了分洪用的平水槽和“飞沙堰”溢洪道。飞沙堰也用竹笼装卵石堆筑，堰顶做到适宜的高度。当内江水位过高的时候，洪水就经由平水槽漫过飞沙堰流入外江，以保障内江灌区免遭水淹。同时，由于漫过飞沙堰流入外江的水流的漩涡作用，有效地冲了泥沙在宝瓶口前后的沉积。鱼嘴的分水量有一定的比例，春耕季节，内江水量大约占六成，外江水量大约占四成。洪水季节，内江超过灌溉所需的水量，由飞沙堰自行溢出。宝瓶口是节制内江水量的口门。为了控制内江流量，李冰父子造了一个石人立在江中，作为观测水位的标尺，要求水位“竭不至足，盛不没肩”。

李冰还造了一个石犀，埋在内江中，作为岁修时候淘挖泥沙的深度标准。岁修的原则是“深淘滩，低作堰”。“深淘滩”是说淘挖淤积在江底的泥沙要深些，以免内江水量过小，不敷灌溉用；“低作堰”是说飞沙堰堰顶不可修筑太高，以免洪水季节泄洪不畅，危害成都平原。后人把这六字诀刻在内江东岸为纪念李冰父子而建的二王庙的石壁上，很是醒目。岁修的方法是：在每年水量最小的霜降时节，在鱼嘴西侧，用杩槎（就是马扎）在外江截流，使江水全部流入内江，然后淘挖外江和外江各灌溉渠道淤积的泥沙。到第二年立春前后，外江岁修完毕，把杩槎移到内江，让江水流入外江，然后再淘挖内江河槽，进行平水槽和飞沙堰的岁修工程。清明节前，内江岁修完毕，撤除杩槎，开始放水灌溉。杩槎是一种简单、有效的临时性截流装置，是由三根大木桩用竹索绑成的三脚架，中设平台，平台上用竹笼装卵石压稳。把适当数量的杩槎横列在江中，迎水面加系横、竖木头，围上竹席，外面再培上粘土，就可以挡住水流，不致渗漏。

都江堰的修成，不仅解决了岷江泛滥成灾的问题，而且从内江下来的水还可以灌溉十几个县，灌溉面积达三百多万亩。从此，成都平原成为“沃野千里”的富庶之地，获得“天府之国”的美称。除都江堰外，李冰在蜀郡还主持兴办了其他一些水利工程。如对发源于蒙山的沫水（又名青衣水），李冰组织百姓开凿河心中的山岩，整理水道，便利了航行。李冰还对管江、汶井江、洛水进行过疏导，又引绵水出紫岩山到资中一带灌溉稻田。另据《华阳国志》记载，李冰还在蜀郡修筑桥梁，在广都主持开凿了盐井，为开发成都平原，发展农业生产作出了重大的贡献。

李冰在治水的过程中，排除了种种迷信的阻挠，坚决用科学的方法来治理水患，而且他成功地解决了秦王的亲戚华阳侯的嫉妒以及制造的一系列的谣言和中伤事件，及时地处理了工程当中的问题和紧急状况。

李冰为蜀地的发展作出了不可磨灭的贡献。因此，两千多年来，四川人民把李冰尊为“川主”。1974年，在都江堰枢纽工程中，发现了李冰的石像，其上题记：“故蜀郡李府郡讳冰”。这说明早在1800年前，李冰的业绩已为人民所传颂。近人对李冰的功绩也极为赞赏。

安贫乐道的管宁

管宁，字幼安，山东省安丘市官庄镇管公村人（时属北海朱虚），生于延熙元年（公元158年），卒于正始二年（公元241年）。

管宁的远祖是春秋时代的贤相管仲。管宁小的时候家里很穷，在他16岁的时候，他的父亲就离开了人世。当时，他的亲戚朋友们觉得他很可怜，同情他，所以就赠送了许多财物给他，让他为父亲办理丧事。可是管宁并没有接受他们的好意和一文钱，只是凭着自己的真实财力安葬了父亲。

管宁从小就非常爱学习，年轻时候，他结交了几个后来都很有名的朋友，他们中一个叫华歆，一个叫邴原。他们三个人非常要好，而且也非常出色，所以当时的人把他们比为一条龙，华歆是龙头，邴原是龙腹，管宁是龙尾，他们最尊敬的大学者是当时著名的陈仲弓，陈仲弓的学识行为成了他们的追求目标。因此他们常常在一起努力学习，想以此来相互鼓励，希望自己将来能成为像陈仲弓那样的有学之士。

他们当时求学的时候，常常是一边读书，一边劳动。有一天，华歆和管宁两个人，在菜园中锄地，管宁偶然锄到了一块前人埋藏的黄金。华歆管宁他们平时读书养性，就是要摒弃人性中的贪念，见了意外的财物不能动心，平时也以此相标榜。所以这时候，管宁见了黄金，就把它当做砖石土块对待，用锄头一拨就扔到一边了，之后不再理会，继续锄自己的草。

华歆在后边锄，过了一刻也见了，明知道这东西不该拿，但心里头不忍，还是拿起来看了又看。管宁见状，一边挥舞着手里的锄头干活，一边责备华歆说："钱财应该是靠自己的辛勤劳动去获得，一个有道德的人是不可以贪图不劳而获的财物的。"华歆听了，口里说："这个道理我也明白。"可是手里却还捧着金子不停地看，怎么也舍不得放下。后来，他实在被管宁的目光盯得受不了了，才不情愿地丢下金子回去干活。可是他心里还在惦记金子，干活也没有先前努力，还不住地唉声叹气。管宁见他这个样子，不再说什么，只是暗暗地摇头。

又有一次，他们两人坐在一张席子上读书。正看得入神，忽然外面沸腾起来，一片鼓乐之声，中间夹杂着鸣锣开道的吆喝声和人们看热闹吵吵嚷嚷的声音。于是管宁和华歆就起身走到窗前去看究竟发生了什么事。原来是一位达官显贵乘车从这里经过。一大队随从佩戴着武器、穿着统一的服装前呼后拥地保卫着车子。再看那车饰更是豪华：车身雕刻着精巧美丽的图案，车上蒙着的车帘是用五彩绸缎制成，四周装饰着金线，车顶还镶了一大块翡翠，显得富贵逼人。管宁对于这些很不以为然，又回到原处捧起书专心致志地读了起来，对外面的喧闹完全充耳不闻，就好像什么都没有发生一样。华歆却不是这样，他完全被这种张扬的声势和豪华的排场吸引住了。他嫌在屋里看不清楚，干脆连书也不读了，急急忙忙地跑到街上去跟着人群尾随车队细看。管宁目睹了华歆的所作所为，再也抑制不住心中的叹惋和失望。等到华歆回来以后，管宁就拿出刀子当着华歆的面把席子从中间割成两半，痛心而决绝地宣布："我们两人的志向和情趣太不一样了。从今以后，我们就像这被割开的草席一样，再也不是朋友了。"

汉末天下大乱之后，管宁、邴原还有王烈几个人相约，到比较安全的辽东去避难。当时辽东地理位置偏僻，没有波及战乱，是当时一个理想的避难地。于是他们几个便去了那里。当时辽东的太守公孙度，知道管宁几个人在中原的名气很大，所以对他们的到来非常欢迎，专门腾出驿馆来请他们居住。见了公孙度，管宁只谈了谈经典学术，对当时的政治军事局势闭口不谈。拜见过公孙度以后，管宁没有再住驿馆，而是找了一处荒山野谷，自己搭个简易房子、挖个土窑居住。

公孙度死后，他儿子公孙康掌了权，公孙康野心勃勃，成天想着称王。

他想让管宁辅佐他，可是却慑于管宁的贤名，硬是开不了口。曹操做司空后，下令征辟管宁入朝，公孙康却没有将此事告知管宁。中原局势稳定以后，许多流落到他乡的人都回到了家乡。可是管宁依然不动，安居辽东。直到公孙康死后，他弟弟公孙恭继位，管宁才带着家眷回到了阔别37年的家乡。

管宁之所以选在这个时候回中原，是因为他知道公孙恭生性懦弱，没有统治能力，而他的私生儿子公孙渊偏偏是个雄才，不安于下位。管宁知道辽东也快要发生战乱了，所以才带家眷匆匆离去。他走的时候，公孙恭赠送了许多礼物给他，管宁将东西全部收下，但是走的时候，他没有带走任何不属于自己的财务，连同之前的公孙度、公孙康的赠物全部送回公孙府。

管宁回乡名义上是奉了魏文帝曹丕的征辟诏书，实际上是躲避即将到来的辽东之难。回到故乡以后，魏文帝就下诏封管宁为太中大夫，管宁坚决推辞，说自己老了，实在没什么才能，请求魏文帝放过他。魏文帝死后，魏明帝又多次征召他，华歆、王朗、陈群等朝中大臣更是反复地推荐管宁，华歆还提出把自己的太尉之位让于管宁。可是，管宁将他们的好意一律推辞了，到死也没有答应出仕。

管宁的一生过得都不富裕，可是他却可以安贫乐道，至死都不肯要别人给予的任何帮助和施舍。他拥有的一切都是他自己辛苦劳动换来的。这样的精神实在值得人们钦佩。

暴虐贪婪致亡国的夏桀

桀，又名履癸，是夏王朝最后一个国王。是我国古代史上有名的暴君。夏朝自禹建国以来，共传了14代，17王。到了夏桀时，我国奴隶制社会经过400多年的时间，已由局部地区发展到全国大多数地区。

夏王朝的统治中心也扩大到“左河济、右太华，伊阙在其南，羊肠在其北”，即东面到达黄河下游和济水流域（今河北东南部和山东），西面到达华山（今陕西东南部），南面到达伊水流域（今河南西部），北面到达羊阳（今山西晋城一带）。但是其统治势力所及，还远不止这一带地区。夏王朝就是从这个统治中心把势力伸展到全国，并在全国建立起了与大大小小的氏族、部落，或方国、诸侯的贡纳关系。自孔甲即位以后，各种社会矛盾日益尖锐化。统治阶级内部的矛盾也开始激化，诸侯、方伯中的奴隶主贵族，有不少公开反叛。桀即位以后，面对这种江河日下、众叛亲离的统治局面，为了巩固其统治地位，他不惜以残暴的手段来对付一切反抗他的人。

桀是一个有才智又有勇力的人，他能够一人生擒兕、虎，折断铜钩，其力之大无人可比。但是，他又性情暴躁，还很残忍，动辄杀人。他酷好声色，又好喝酒。即位以后，为了控制局势，于是将王都迁回旧都（指的是今天河南的巩县）。

这时，地处东方的有施氏（今山东滕县）在桀当夏王前，就反叛夏朝。桀因有施是一个小方国，首先就出兵东进伐有施。为了杀一儆百，桀调集了上万的军力开向有施氏的族居地。有施氏国小力薄，看见夏王朝大兵压境，首先表示请罪，愿意臣服纳贡。桀在开始时不准有施氏投降，一定要灭掉有施氏。有施氏得知桀是一个好色之徒，就选了一名叫妹喜的美女进献请降。桀见妹喜生得美貌而大为高兴，于是罢兵带了妹喜回到王都。

妹喜见王都的宫殿陈旧，很不高兴。桀为了讨妹喜的欢心，就下令在河南修建倾宫、瑶台。首先是搜刮人民的财物，然后征派民夫，调集奴隶动工修筑。因为这座宫殿修得很高大，从地面往上看，有将倾倒的感觉，所以取名为倾宫。桀在倾宫里又用玉和石头建造了很漂亮的琼室瑶台。修好了以后，桀就和妹喜迁往离宫中去居住。

当桀登上这座高大的宫殿时，十分高兴，他和妹喜日夜在此饮宴作乐。桀站在瑶台上俯视其下，感到他仿佛是在天上，就将自己比作是太阳，居天下之上，永远存在。当然，修建这座离宫的一切费用，都是从人民那里搜刮来的，所谓“殚百姓之财”，就是说把平民百姓之财都搜刮殆净。人民在桀统治时期，实在不堪忍受其苦，就天天指着太阳咒骂：“时日曷丧，予及汝偕亡”（《尚书（汤誓》）。这是借着骂太阳来咒桀，意思就是：“这个太阳为何不快灭亡，我们愿与你一同灭亡。”

桀劳民伤财，残害人民，在诸侯、方伯中也引起了不满和反抗。他为了控制形势，就下令在有仍这个地方（今山东济宁）会见诸侯、方伯。虽然许多诸侯、方伯慑于桀的武力，不得不前去赴会，但各自都怀有戒心。而桀召集有仍之会，一方面要显示他是天子，仍有威力，另一方面要向诸侯、方伯们敛财，征收贡物，供他挥霍。

就在这时，有缗氏开始叛夏。有缗是夏王朝东部（今山东金乡）的一个方国，有缗首领见桀是一个暴虐贪婪的国王，于是不等散会就先回国了。有缗氏的这一行为激怒了桀。桀便率领参加“有仍之会”的各诸侯、方伯出兵征伐有缗。有缗国小力弱，当然无法抵御。灭了有缗之后，桀将其财物、美女、人口尽数掳掠到王都。桀的所作所为被各诸侯、方伯看在眼里，更加和夏王朝离心离德，叛夏的更多了。所以古书中说：“桀克有缗，以丧其国”（《左传·昭公十一年》）。

夏王朝有个太史叫终古，是掌记事兼天象、历法的官。见桀暴虐，又贪乐纵欲不理朝政，便多次向桀进言，劝谏桀要爱惜民力，不能这样奢侈。桀根本听不进去，反而征发平民和奴隶在倾宫中修建一个很大的池子，里面灌满了酒，称为“酒池”。还作了一只彩船放在池中，使歌女们在船中演奏“靡靡之乐”（《新序》）。又使许多青年男女奴隶在池边载歌载舞地饮池中的酒，有所谓“一鼓而牛饮者三千人”之说（《韩诗外传》卷四）。桀与妹喜以及一些谀臣们通宵达旦地在此观看和饮酒取乐，一个月都不出宫办理朝政。终古又哭着苦苦劝谏，桀不但不听，反而责骂终古是多事。终古眼看桀如此下去，不久便会亡国，于是就逃出去投奔了商汤。

夏王朝有一个大夫叫关龙逄，他见终古劝谏桀无效，就手捧“皇图”来到倾宫求见桀。“皇图”也称作“黄图”，是古代王朝绘制有帝王祖先们功绩的图，给后代帝王们看，以便效法祖先们治理国家。关龙逄捧去的“皇图”绘有大禹治水和涂山大会等图像，他是要桀效法先王，像始祖大禹一样节俭爱民、薄衣食、惜民力，才能得天下诸侯的拥戴，才能长久享国。若是像如今这样挥霍无度，任意杀人，亡国的日子就不远了。桀不仅不听，反而将关龙逄杀害，下令将皇图焚毁。还警告朝臣们说，今后再有像关龙逄这样的人来进言，一律杀头。于是贤臣绝迹，言路断塞，桀愈加骄横暴虐。

夏朝末年，活动在东方地区的商国逐渐强大起来。大约在公元前 1750 至公元前 1700 年之间，商汤起兵伐桀，最终灭亡了夏朝。

艰苦奋斗是中华民族的优良传统，是党团结和带领人民实现国家富强、民族振兴的强大精神力量。不管是什么时期，艰苦奋斗的精神都应该被保持和推崇。因为艰苦奋斗精神总是与辉煌成就紧密联系在一起的。奋斗就会有艰辛，艰辛孕育着新的发展。在全面建设小康社会、加快推进社会主义现代化的伟大征程上，全国各战线上的人民都应该继续发扬艰苦奋斗的精神，全面推进社会主义现代化建设事业，将我们的祖国建设得更加美好。